Gerhard D. Schuster

Wie ein indischer Global Player zu meinem Butler mutierte

Bizarre Begegnungen
aus einem halben Jahrhundert
Auslandsreisen eines
deutsch-kanadischen Entrepreneurs

Erzählungen

Erstveröffentlichung im Mai 2021

© 2021 Gerhard D. Schuster
TWENTYSIX – Der Self-Publishing-Verlag
Eine Marke der Books on Demand GmbH
Herstellung und Verlag:
BoD – Books on Demand, Norderstedt
ISBN: 9783740783075

Lektorat und Umschlaggestaltung:
www.die-online-texterei.de

Hiermit verneige ich mich vor
Europachef **Vince Duqué** (Trane Co.),
CEO **John Corry** (Beneke Corp.)
und dem Verkaufsgenie **Fred Herzberg**.
Sie waren meine großen Förderer
(Es muss wohl die „Chemie" gewesen sein...).
Ohne sie wären weder die eigene Firma
noch die hier beschriebenen Reisen
Realität geworden.

Gerhard D. Schuster

*Für Ferenc Frey
mit den
besten
Wünschen!
Gerh. Sch.
den 29.6.2021*

Einige Namen in den folgenden Geschichten sind zur Wahrung von Persönlichkeitsrechten beteiligter Personen geändert worden.
Die Geschichten sind durchweg so wie beschrieben geschehen.
Ähnlichkeiten zu lebenden Personen sind rein zufällig, aber nicht beabsichtigt.

Vorwort

Lange habe ich überlegt, welche Momente in dem halben Jahrhundert Auslandsreisen den stärksten Eindruck auf mich hinterließen.

Abgesehen von einzelnen, fulminanten Höhepunkten wie zum Beispiel dem Ausruf des heimlichen Immobilien-Tycoons, waren es die gemeinsamen Reisen mit den absoluten Überfliegern unter den Star-Verkäufern, mit denen ich als Geschäftsmann im Laufe meines Lebens zu tun hatte.

Egal in welchem Land, es waren die Momente, wo ich mir wie der Kofferträger eines Filmstars, dem sofort alle Türen geöffnet wurden, vorkam. Deshalb wird in der Wirtschaft nichts stärker honoriert als die hohe Kunst des Verkaufens.

Gemäß der Formulierung des großen Franzosen Jacques Rigaud: „Was mich übertrifft, inspiriert mich!", bin ich für immer dankbar, dass ich solchen „Genies des Verkaufens" begegnen und mit ihnen arbeiten durfte.

Gerhard D. Schuster
Im Frühjahr 2021

Inhalt

1.	Drei Europäer als Trainees in den USA	12
2.	Mit dem deutschen „Mr. Shakespeare" auf Amerika-Reise	15
3.	Las Vegas, Tiefpunkt der amerikanischen Zivilisation	17
4.	Der trinkfeste Pariser Vertreter	19
5.	Der Casanova von Marseille	21
6.	Wie unsere Bürochefin in New Yorks Kult-Kneipe für Furore sorgte	24
7.	Angelika auf Werksbesuch in den USA	27
8.	Der Hüne in der 1. Klasse neben mir	29
9.	Was ich mit einem 7er BMW als Firmenwagen erlebte	32
10.	Markt-Recherche am Kap der guten Hoffnung	34
11.	Meine Erlebnisse an der Seite von Verkaufsgenies	37
12.	Clifford Morris – Eloquenz im Geschäftsleben	40
13.	Worte eines veritablen „Shooting-Stars", neun Jahre lang mein Chef	43
14.	Warum mich die Schweizer Polizei aus einem Basler Hotel holte	45
15.	Im Land des nordischen Napoleon	47
16.	Der südfranzösische Unternehmer mit dem Porsche	49
17.	Keith Harrop - mein unvergesslicher englischer Freund	51
18.	Neuntägiger Aufenthalt im „Big Apple"	52
19.	Der Wirbel, den meine schöne Begleiterin in Italien verursachte	55
20.	Der kleine Armani der Sanitärbranche	58
21.	Wie Pariser Beine den ungarischen Zoll schachmatt setzten	60
22.	Ins Venedig-Wochenende mit Italiens Elite	64
23.	Zauberhafte Reise-Flirts in Köln und Vancouver	66
24.	Faszination der Stradivari-Stadt	68
25.	Warum „Zocca" zum geflügelten Wort bei uns wurde	70

26. Der ugandische Importeur in Valencia, der Moise Tschombé ähnelte	72
27. Herzogstadt Ferrara - gefährliches Leben im Mittelalter	76
28. Der Weihnachtsabend im Taxi in Taipeh	78
29. Ein italienischer Bahnhof wie in einem Western	79
30. Der verkappte Slum-Lord in Stockholm	81
31. Hotel-Dramen im spanischen Sitges	84
32. Wilder Westen auf Chinas Autobahnen	86
33. Claude Chabrol filmt die berühmte Pariser „Heure Bleue"	88
34. Der ungewöhnliche Geschäftsfreund aus Montreal	90
35. Wie ich dazu kam, Pariser Lebenskunst zu studieren	92
36. Wie ich schlecht rasierte Handelsvertreter in Jeans lieben lernte!	95
37. Besuch bei Asiens Holländern	97
38. Der Adlige im Pariser Feinkostladen	99
39. Wiedersehen mit der „Windy City"	100
40. Boomtown des 21. Jahrhunderts	103
41. Wie ein indischer Global Player zu meinem Butler mutierte	108
42. Der neuseeländische Crocodile Dundee nickte mir zu	111
43. Der englische Investment-Banker in der Hotel-Bar von Dubai	114
44. Wie Scotland Yard einen Mordfall noch während unserer Reise löste	116
45. Wie ich entdeckte, dass Engländerinnen keineswegs spröde sind	120
46. Ein dramatischer „High Noon" in der Lombardei	122

47. Das Aufstellen der Ibsen-Statue genau abgepasst	124
48. Der amerikanische Schulden-Student im Osloer Airport-Express	126
49. Ein IQ von 143 auf dem Sitzplatz neben mir	128
50. Der von unseren zwei Pariser Online-Shops entfesselte Wirtschaftskrieg	130
51. Im Landhaus der „Jenseits von Afrika" Autorin	133
52. Das Museum in Oslo - Edvard Munch und die Frauen	136
53. Ein wenig Marco Polo - 11 Begegnungen auf einer China-Reise	138
54. Blitz-Reise zu Europas Boomtown	142
55. Holländer - die cleversten Geschäftsleute Europas	144
56. James Bond Autos im belgischen Dauerregen	146
57. Côte d´Azur - im Land der Reichen und Schönen	149
58. Warum wir aus einem Geschäft in der Grazer Altstadt flüchteten	154
59. Der anglophile Chefarzt im Frühflug nach London	155
60. Nachwort - Wie mein Faible für gediegene Hotel-Bars entstand	157

1. Drei Europäer als Trainees in den USA

Das Amerika der Sechziger Jahre hatte seine ersten wirklichen Dellen bekommen (Sputnik, Kennedy-Attentate), hielt sich aber immer noch für „Gottes eigenes Land", wie eine feine ältere Dame nur wenige Jahre zuvor im Schnellzug Toronto-New York mir, dem Abiturienten, allen Ernstes versichert hatte.

In den 60ern erblühte eine ganz neue Industrie: die Klimatechnik. Sie sollte dem bisherigen Armenhaus der USA, den Südstaaten, einen bis dahin unvorstellbaren Boom bringen.

An der Spitze dieser vom amerikanischen Ingenieur Willis H. Carrier begründeten Industrie standen damals zwei Konzerne: die Carrier Corporation in Rochester/New York und die Trane Company.
Jobs waren nach meinem Ingenieur-Studium an der „University of Toronto" rezessionsbedingt Mangelware. Mein Vater entdeckte die Information in einem winzigen Text in einer Fachzeitschrift, dass die Trane Company in Frankfurt ihr erstes deutsches Verkaufsbüro eröffnet habe.

Denkwürdig bleibt die beeindruckende Gründlichkeit des Selektionsverfahrens von Trane: Sage und schreibe sieben Top-Manager aus Toronto und La Crosse prüften alle Bewerber - mich unter ihnen - in Einzelgesprächen auf Herz und Nieren. Zwei dieser Manager sind mir bis heute unvergesslich: der Harvard-Absolvent und Vizepräsident im Hauptwerk sowie ein ehemaliger Oberst, später CEO der Tochterfirma in Toronto.

Ich muss an dieser Stelle beichten, dass ein kleiner Bluff meinerseits u. a. eine solche Einigkeit zwischen den Interviewern zur Folge hatte, wie sie zuvor noch nie vorgekommen sein soll. Als Autor für Fachzeitschriften hatte mein Vater einen seiner Aufsätze unter meinem Namen laufen lassen…
Bis heute weiß ich die (damaligen) Kennziffern des von französischen

Pelztierhändlern direkt am Mississippi gegründeten Städtchens La Crosse auswendig: 50.000 Einwohner, 50 Kirchen und 128 Kneipen (dort „Bars" genannt), aber nur ein einziges Kino. Wir drei Europäer, die sich bei Trane Technologies Inc. beworben hatten, hatten uns noch nie im Leben derart gelangweilt.

Frank Janssen war Holländer, Alphonse Iven Belgier und ich Deutsch-Kanadier. Als einziger von uns dreien schaffte sich Frank ein gebrauchtes Auto an, das Al und ich gelegentlich borgen durften. Wichtigstes Utensil im Kofferraum: Ein Besen, um im Winter die Schneemassen vom Auto herunterzufegen.

Der Winter im Mittleren Westen hat es in sich! Beim täglichen Fußmarsch zur Firma über 12 Häuserblocks hatte ich nach fünf bis sechs Straßen einige Male das Gefühl, ich müsse mich dringend in einem der Wohnhäuser aufwärmen, damit meine Nase nicht abfriert!

Das Trainee-Programm „Grundlagen der Klimatechnik" für die angehenden Verkaufsingenieure war schulmäßig aufgezogen, der Dozent vor allem fit in der in Amerika so wichtigen Eigenschaft - einem flapsigen Humor. Infolge des in den USA viel häufigeren Job-Wechsels - geschuldet dem brennenden Ehrgeiz junger Amerikaner, aber für Trane kein Nachteil, weil die Wechsler die Daten der Trane-Maschinen im Kopf hatten - schulte dieses Unternehmen für seine zahlreichen Verkaufsbüros jedes Halbjahr 100 neue College-Absolventen.

Zu meiner Verblüffung war die Hälfte der amerikanischen Kollegen (Durchschnittsalter 22) bereits verheiratet, einige hatten sogar schon Kinder. Ich kam mir mit meinen 24 Jahren bereits wie ein Methusalem vor.
Da die State University in Madison nur eine Autostunde entfernt war, wimmelte es in La Crosse am Wochenende von heimgekehrten Studenten. Vor den angesagtesten Bars bildeten sich jedes Mal zwei Menschenschlangen:

Die eine robbte sich langsam hinein, die andere heraus. Die Devise lautete: „Bloß keinen Date-Kandidaten verpassen!" Wie mir schon aus Toronto geläufig, tobte in Nordamerika um die begehrtesten jungen Frauen ein ganz anderer Wettbewerb als in Europa. Für die Mädchen galt: Ab Donnerstag bluffen, dass das Wochenende schon verplant sei. Sonst könnte man, oh Schreck, nicht gefragt sein!

Da wir schon beim Thema sind: Beim spröden, staubtrockenen Frank tat sich trotz eigenen Autos in Bezug auf Frauen rein gar nichts. Unser verheirateter Freund Al mit dem augenzwinkernden Auftritt eines Latin-Lovers hatte dagegen sofort eine verliebte Amerikanerin am Hals, der er tüchtig was vorlog.

Ich selbst verlegte mich erstmal aufs Beobachten und stellte bald fest, dass eingewanderte Europäerinnen, denen der Mann irgendwie abhandengekommen war, mangels Seele bei den Amerikanern lieber nach europäischen Männern Ausschau hielten.

Es kam, wie es kommen musste: Ich wurde das (durchaus willige) Opfer einer wunderschönen, deutschen Endzwanzigerin, die den Haushalt in einer Millionärsvilla schmiss. Irene wurde meine unvergessliche Lehrmeisterin in Sachen Liebe.

Am Wochenende gab es neben einem einzigen Kino und den hundert Kneipen lediglich das berühmte „Cruising" auf der Main Street, von George Lukas unnachahmlich in seinem berühmten Kultfilm „American Graffiti" über Amerikas Jugend dargestellt. Spaziergänger gab es in La Crosse nicht, sogar durch den Stadtpark wurde mit dem Auto gefahren. So fieberten wir drei Europäer dem Ende unseres Aufenthaltes entgegen und konnten unsere Rückkehr nach Europa kaum erwarten. Aber die Lockerheit und Hilfsbereitschaft der Amerikaner würden uns für immer unvergesslich bleiben.

2. Mit dem deutschen „Mr. Shakespeare" auf Amerika-Reise

Fred Herzberg war der wortgewaltigste Handelsvertreter, dem ich je begegnet bin. Weil uns eine ganze Generation trennte, entwickelte er mir gegenüber irgendwie väterliche Gefühle. Und da er ein so großes Herz hatte und zudem ungewöhnliche Herausforderungen liebte, wurde er mein Mentor für den Aufbau einer amerikanischen Vertriebsgesellschaft in Deutschland.

Nachdem er seine Kollegen, die Elite der Vertreter der Sanitärbranche, mit ins Boot geholt hatte, explodierten unsere Umsätze regelrecht, und mein Job war bei den höchst ungeduldigen US-Chefs gesichert. Die Belohnung für Fred waren ein Werksbesuch in den USA, inklusive Stopover in New York, sowie der Besuch einer Fachmesse in Las Vegas. Ihn auf seiner ersten Amerika-Reise begleiten zu dürfen, war grandios. Diese Reise wurde zur schönsten aller meiner USA-Reisen.

Freds Begeisterung war ansteckend. Ich entwickelte eine Methode, seine temperamentvollen Ausrufe heimlich auf Servietten zu notieren. Hier sind seine 20 besten:

DIE REISE

- „Amerika gibt mir die vierte Dimension!" (Ankunft)
- „Wie die das aufeinandergetürmt haben, sprengt die menschliche Vorstellungskraft!" (Rockefeller Center)
- „Unglaublich diese Organisation - hier steht schon wieder ein Wagen mit laufendem Motor bereit!"
- „Wenn man 1. Klasse fliegt wie wir, ist das doch selbstverständlich, das ist man sich doch schuldig!" (Zwei wartende Cadillacs)
- „Hier rast man mit fast tausend Stundenkilometern stundenlang durch dieses Land!" (Flug von Memphis nach Los Angeles)
- „So oft wie diese Woche habe ich meine Uhr noch nie verstellt!"

- „Zwischendurch muss ich auch mal kurz runter, um den Überblick zu behalten!"
- „Das müssen wir unbedingt fotografieren, das glaubt in Europa sonst kein Mensch!" (Kino - großes Schild „Welcome Fred Herzberg")
- „Eine Postkarte an mich können Sie sich echt sparen, weil ich hier alles hautnah miterlebe!"
- „Wer mit diesem Land anbindet, muss wissen, dass er den Kürzeren zieht!"

LAS VEGAS

- „Weiße Berge am Rand, wir selbst sitzen in der Wüste - alles irre hier!"
- „Was die Amis sich hier zurechtgezimmert haben, ist unglaublich!"
- „Die essen hier Krebse paketweise, wo unsereiner noch checkt, ob das überhaupt zu zahlen ist!"
- „Die sind hier steinhart, wenn's an Geldverdienen geht. Junge, Junge, dagegen sind wir Waisenknaben!"
- „Es gibt hier keine Lücken mehr, wo nicht abkassiert wird. Diese Lücken sind ausgemerzt, davon bin ich überzeugt!"
- „Ohne einen Dollar ist man hier tot, ein toter Mann!" (bündelweise Dollarscheine als Trinkgelder in der Hosentasche)
- „Hier laufen ja jede Menge Sheriffs mit durchgeladenen Pistolen herum!"
- „Die alten Frauen mit ihren Pistolen, das ist gar nicht gut. Das gefällt mir überhaupt nicht!"
- „Fünfundvierzig Grad im Sommer, das ist das Ende! Da kann man nur noch im klimatisierten Raum sitzen und auf den Winter warten!"
- „Oha, da haben wir eine Weile zu knacken, an dem Ding, das die uns hier serviert haben! Oh Mann!"

Auf der nächsten Verkaufskonferenz in einem Frankfurter Hotel schenkte ich ihm seine eingerahmten Zitate als Andenken an die gemeinsame Amerika-Reise.

3. Las Vegas - Tiefpunkt der amerikanischen Zivilisation

Keine zehn Pferde hätten mich normalerweise in die schillernde Welthauptstadt des Glücksspiels gebracht.

Aber dann ergab sich doch ein Besuch, und zwar aus rein beruflichen Gründen: Mein damaliger amerikanischer Arbeitgeber hatte einen Messestand auf einer dortigen Fachausstellung.

Die schier überwältigende Neonreklame der Spielpaläste und Riesenhotels sowie deren gigantische Spielsäle kennt wahrscheinlich jeder aus Film, TV und Printmedien. Aber in welchem Ausmaß diese Metropole gleichzeitig die Welthauptstadt des Edelkitsches ist, begreift man erst vor Ort.

Die geschäftlichen Ergebnisse bzw. Erkenntnisse einer Messe wurden diesmal komplett überdeckt von den Abenden im Unterhaltungsmekka Amerikas, die einen Neuankömmling glatt aus den Schuhen hoben. „Caesars Palace" und „The Venetian" waren nur zwei Beispiele einer total verkitschten Sehnsucht nach Europas großer Geschichte.

Lassen Sie mich nur den Show-Abend mit Wayne Newton herausgreifen, für den die Firmenleitung Monate vorher die Eintrittskarten bestellt hatte. Dieser hünenhafte Sänger mit teilweise indianischer Abstammung lag - damals in Gage und Renommee gleichauf mit Frank Sinatra - an der Spitze der Begehrlichkeiten der Wüstenstadt, trat allerdings ausschließlich in Vegas auf.

Unvergesslich, wie das Dutzend Manager und Gäste unserer Firma in vor Ehrfurcht leicht gebückter Haltung (wegen der Ikone Wayne Newton) - eine Art Bückling vor dem in Amerika fast mit Besessenheit ersehnten Erfolg

- den dunklen Flur entlang gingen, bis sich eine Tür auftat, und wir im großen Konzertsaal erstmal zum Abendessen Platz nahmen.

Nachdem das Geschirr wieder abgeräumt war, begann der erste Teil der Show. Und zwar trat ein untersetzter Komiker auf die Bühne und gab eine geschlagene halbe Stunde lang anzügliche Witze zum Besten, die in Deutschland höchstens in Lokalen wie in Hamburgs Reeperbahn möglich wären, aber auf keinen Fall vor dem Auftritt eines Popsängers der Extraklasse. Fast peinlich, wie das Publikum dabei johlte.

I. Das erinnerte mich an zwei Dinge:
Nur ein halbes Jahr später beendete ich im Sommer meinen MBA in Toronto. Unser 14-jähriger Sohn war deshalb für die Dauer der Schulferien aus Europa herübergekommen. Eines Abends lud ich ihn ins Konzert des berühmten Popsängers Engelbert ein. Bei dessen Anfang gab's zu meinem Schrecken analog zu Las Vegas einen Possenreißer schmuddeliger Witze samt entsprechendem Gejohle. Ich saß wie auf Kohlen und überlegte fieberhaft, ob wir nicht besser gehen sollten. Wir hielten durch, und mein Sohn sprach danach den denkwürdigen Satz: „Die sollen in Amerika bleiben, und wir bleiben in Europa!"

II. Nach einer Messe in Frankfurt saßen die deutschen Mitarbeiter und die US-Chefs am Abend noch gemütlich in einer der bekannten Äppelwoi-Kneipen des Vororts Sachsenhausen zusammen. Als gegen 23 Uhr das bekannte Schunkeln einsetzte, war der direkt neben mir sitzende Firmenchef erst erstaunt und meinte schließlich: „In the States this would get seedy very quickly!" (In den Staaten würde so etwas schnell primitiv werden!).
Trotz allem wurde der Auftritt von Wayne Newton dann ein voller Erfolg. Nicht nur konnte er (entsprechend kostümiert) als Sänger mühelos mit den Pop-Ikonen seiner Zeit mithalten, sondern er

führte zusätzlich seine Fähigkeiten auf gleich mehreren Musikinstrumenten vor - wirklich ein erstaunliches Allroundtalent!

Als wir nach dem umjubelten Ende inklusive mehrerer Zugaben schließlich gingen, war Newton seiner Reputation als Superstar von Las Vegas voll gerecht geworden.

4. **Der trinkfeste Pariser Vertreter**

Nachdem ich begonnen hatte, für die Amerikaner ein Netz von französischen Vertretern aufzubauen, sollte schließlich ein solcher auch für den Großraum Paris engagiert werden. Es galt, den vom bereits erfolgreich in der Normandie operierenden Verkäufer Daniel Adam empfohlenen Jacques Boneuil zu interviewen. Folglich flog ich nach Paris und wurde von Monsieur Boneuil am Inlandsflughafen Flughafen Orly (damals auch für Auslandsflüge genutzt) abgeholt.

Nachdem wir gemeinsam ein paar Badgeschäfte besucht hatten, wobei unter Mr. Boneuils Assistenz auch mein damals recht holpriges Französisch zum Einsatz kam, hatte ich mich längst daran gewöhnt, dass mich französische Gesprächspartner schon nach wenigen Sätzen mit einem „Ah, vous êtes Américain!" unterbrachen. Ich hatte mein erstes Schulfranzösisch auf einer Torontoer Highschool gelernt und wurde den kanadischen Akzent nie wieder los, wäre somit auch als Spion geeignet? Auch in England würde man mich nicht im Traum für einen Deutschen halten...

Danach war Mr. Boneuil so aufmerksam, mich kurz in sein Privathaus mitzunehmen. Das sollte sich jedoch als Fehler herausstellen, denn er wohnte nicht nur in einem recht bescheidenen Pariser Vorort, sondern seine bessere Hälfte gab, als ich kurz allein im Wohnzimmer blieb, eine Schimpfkanonade von sich, dass mir Hören und Sehen verging!

Nach diesem kurzen Abstecher fuhren Boneuil und ich zu einem Restaurant unweit des Hotels. Bei einem ausgedehnten Abendessen verlief unser Gespräch besser als erwartet, und ich begann, ihn als hochsympathischen Geschäftspartner zu akzeptieren, ja fing an, ihn regelrecht zu mögen – auch wenn er einen „Drachen" im Hause hatte.

Leider weiß ich nicht mehr genau, ob wir eine oder gar zwei Flaschen Rotwein leerten. Auf jeden Fall war ich noch ziemlich fit und im Gegensatz zu meiner cleveren Ehefrau recht ahnungslos, als Boneuil zum Abschluss Calvados, einen edlen französischen Apfelbranntwein vorschlug. Schon nach dem ersten kräftigen Schluck verlor ich – obwohl sitzend – beinahe das Gleichgewicht. Aber ich verordnete mir die Durchhalte-Parole eines russischen Wodka-Trinkers und blieb aufrecht. Es mochte gegen 23.30 Uhr gewesen sein, als ich neben unserem neuen Pariser Vertreter zu seinem Auto wankte. Wie es ihm o h n e Unfall gelang, mich bis zu meinem Hotel zu fahren, ist mir bis heute ein Rätsel.

Der Tagebuch-Eintrag jenes Abends zeigt jedenfalls die gleiche, völlig krakelige Handschrift, die ich auch 30 Jahre später nach einer dramatischen Blutvergiftung zeitweilig hatte, die mich um ein Haar ins Jenseits befördert hätte.

5. Der Casanova von Marseille

Roger Thomas war das, was man eine „Verkaufskanone" nennt. Sein phänomenaler Ruf in der französischen Sanitärbranche reichte bis nach Paris, wie ich einmal feststellte. Und er bereiste ganz Südfrankreich, mit einer jährlichen Fahrleistung von sage und schreibe 120.000 Kilometern.

Damals baute ich die kleine europäische Niederlassung einer US-Firma aus den Südstaaten auf. Im wichtigen Pariser Raum hatten wir bereits mit Vertriebspartnern Fuß gefasst.

Normalerweise wäre unsere vergleichsweise kleine Firma für einen sogenannten Star-Vertreter wie Roger Thomas nie infrage gekommen. Aber der Zufall wollte es, dass wir genau die Produkte im Programm hatten, die auch sein bisheriger Arbeitgeber, der Marktführer darin, produzierte.

Mit 65 Jahren hatte Thomas das Ruhestandsalter erreicht und mit einer Betriebspension oder zumindest Abfindung gerechnet. Die Firma ließ ihn jedoch wissen, dass er als freier Vertreter und Mitarbeiter ohne jeden derartigen Anspruch sei.

Damit war unsere Stunde gekommen, denn Thomas wollte den immens starken Marktführer für diese - aus seiner Sicht - Ungerechtigkeit „bestrafen", indem er dessen Umsatz durch einen neuen Konkurrenten senkte.

Der magische „Touch" dieses Verkaufsgenies zeigte umgehend Wirkung, in kürzester Zeit schoss Thomas an die Spitze sämtlicher europäischer Vertretungen unserer Firma. Höchste Zeit also, ihn zu besuchen, und zwar in Begleitung der einfühlsamen Menschenbeurteilerin neben mir, meiner Frau Ingvild.

Uns Nordeuropäer begeistert das Klima der Mittelmeerländer jedes Mal aufs Neue, trotz der schon aus dem Flieger zu erkennenden, kargen Landschaft. Den Taxifahrer verstanden wir nur mit Mühe. Später erfuhren wir, dass er einen südfranzösischen Dialekt, das sogenannte „Marseillais" sprach.

Die Begegnung mit Roger Thomas war die erste wirklich große Überraschung dieser Reise. Statt des erwarteten Strahlemannes stand uns ein kleiner, rundlicher Typ, ein regelrechter „Kartoffelbauer" samt der obligaten Knollennase gegenüber. In den ersten Jahrzehnten seines Berufslebens war dieser temperamentvolle Schnellredner Zirkusartist. Dann entdeckte jemand sein Verkaufstalent.

Beim ersten Kunden, den wir gemeinsam besuchten, bat uns Thomas, draußen zu bleiben, weil zeitgleich sein Nachfolger auf dem Posten seines bisherigen Arbeitgebers eingetroffen war. Wir waren gespannt! Es kam in der Tat so, wie wir es beinahe mit Sicherheit erwartet hatten: Thomas kam mit einer neuen Bestellung zurück, sein Nachfolger ging leer aus!

Ich fragte meine Ingvild nach der Lösung dieses, für mich unbegreiflichen Rätsels: „Gerhard, das verstehst du nicht. Dieser Mann hat ein inneres Feuer!". Später ergänzte Thomas, dass wir uns über die Zustände in seinem Haus nicht wundern sollten: „J´avais trop de Noces!", zu Deutsch: „Ich hatte zu viele Hochzeiten!".

Mit anderen Worten, der Testosteron-Spiegel des ehemaligen Zirkusartisten musste beträchtlich sein. Einmal zeigte er hinter Ingvilds Rücken eine Faust mit dem Daumen nach oben, und flüsterte mir zu: „Votre femme est comme ça!". Lob vom Meister persönlich.

Der absolute „Hammer" dieser Reise war der Besuch seiner Villa direkt an den Klippen zum Mittelmeer - wir glaubten zu träumen! Roger Thomas lieferte uns dort nur ab, er schützte einen Termin vor. Und so kamen wir in den Genuss eines Mittagessens mit Madame Thomas allein. Auch sie machte einen sehr bäuerlichen Eindruck. Ihre vorzügliche Bouillabaisse wollte uns allerdings nicht richtig schmecken, weil sogar während (!) des Essens zwei Angora-Katzen zwischen den Tellern auf dem Tisch umherspazierten, und zudem jede Menge Katzenhaare in der Suppe schwammen. Aber wir schwiegen dazu eisern, genauso wie beim „Slumlord von Stockholm".

Als später auch noch der Schäferhund direkt neben den Sesseln mit lautem Zischen eine riesige Lache produzierte, entfuhr Madame Thomas lediglich ein: „Oh, le salot!" (Dieser Schweinehund!). Sie wischte das Malheur einfach mit einem Mopp auf!

In diesem Moment begriffen wir, dass sich eine vielfach betrogene Ehefrau auch mit einer besonderen Form von Terror rächen kann: ein krasses „Laissez-faire" ihrer Haustiere.

Auf dem Heimflug stellten Ingvild und ich Überlegungen an, warum vor allem französische Film-Regisseure mit Klassikern über Mordpläne von Ehepaaren brillieren. Der vielleicht beste davon ist Romy Schneiders einziger Film, den sie unter der Regie von Claude Chabrol gespielt hat: „Die Unschuldigen."

6. Wie unsere Bürochefin in New Yorks Kult-Kneipe für Furore sorgte

Nach dem erfolgreichen Geschäftsjahr hatten unsere sparsamen amerikanischen Bosse tatsächlich eine zweite USA-Rundreise, diesmal für meine beiden umsatzstärksten Vertreter, unsere Innendienstleiterin und mich genehmigt.

Manchmal lohnt sich Zeitunglesen. Noch während des Atlantikfluges entdeckte ich in einer deutschen Zeitung einen kurzen Beitrag über Manhattans Spitzenbars. Damit hatte sich jedes weitere Kopfzerbrechen für das Abendprogramm erübrigt. Besuche solcher „Institutionen" würden uns mehr über Amerika sagen, als jede Art von Unterhaltungs-Shows.

Das „P. J. Clarke" galt damals als New Yorks berühmteste Steh-Kneipe. Es hatte eine hundertjährige Tradition, aber nur eine ungewisse Zukunft, da die Immobilienpreise in Manhattan explodierten.

Wir wagten uns gegen 20 Uhr zu viert in dieses amerikanische Heiligtum. Das Lokal war mit männlichen Gästen bereits gut gefüllt, was für unsere burschikose Angelika Becker überhaupt kein Problem war. Sie kannte die Kneipen ihrer Jugend in Norderney und war gewappnet. Bald erscholl vom Kneipenwirt der Ruf: „Angie here is from Germany!"

In Windeseile bildete sich eine Traube von Männern um sie herum, die unsere überhaupt nicht verklemmte Bürochefin mit ihrer tiefen Stimme bestaunten. Angelika verfügte über genügend Englisch für kurze Gespräche.

Was für einen Kontrast musste sie zu den nicht selten affektierten Frauen der Amerikaner samt ihrer hohen Stimmen geben! Man hat mir später erklärt, dass amerikanische Frauen solche Stimmen haben m ü s s t e n , um den Beschützerinstinkt der US-Boys zu wecken, die im Vergleich zu uns Europäern von etwas gröberem Kaliber sind.

Nach anderthalb Stunden „Angie-Show" war es Zeit, weiterzuziehen. Das Ziel war Manhattans mondänste Singles-Bar mit dem Namen „Maxwell's Plum".

Im Vergleich zum äußerlich unauffälligen „P. J. Clarke" war in diesem Glitzer-Tempel Opulenz angesagt. Was hier gespielt wurde, war an den draußen wartenden Stretch-Limousinen samt Chauffeur zu erkennen. Ähnlich wie bei Riesen-Yachten ist ein Durchschnittsmann hier natürlich so gut wie chancenlos. Der Versuch unsere Angie abzuschleppen, lohnte jedoch nicht. Unser Aufenthalt hier währte weniger als eine Stunde.

Ich überspringe mal New Yorks Wolkenkratzer-Bars und wechsele nach Columbus im Bundesstaat Mississippi, wo sich das Werk unseres damaligen Arbeitgebers befand.

Einem Werksrundgang folgten eine Grillparty samt Square Dance, an den Abenden Cocktail-Empfänge in den Riesenhäusern sowohl des Firmenchefs als auch des Exportleiters. Bei Ersterem servierte ein Butler, während Letzterer abwechselnd in folgender Freizeit-Kleidung agierte:

-   Papageiengrüne Jacke mit kanariengelber Hose,
-   Tomatenrote Jacke mit hellkarierter Hose.

Draußen glühten durchgehend 38 Grad und erinnerten daran, dass der wirtschaftliche Aufschwung der Südstaaten erst einsetzte, nachdem in den fünfziger Jahren der Siegeszug der Klimatechnik begonnen hatte.

Der Firmenchef ließ es sich am nächsten Tag nicht nehmen, seine „Deutschland-Truppe" persönlich in einem Kleinbus in Richtung Golf von

Mexiko zu chauffieren. Als wir in New Orleans ankamen, trugen wir samt und sonders Cowboy-Hüte.

Im französischen Viertel von New Orleans bot sich beste Unterhaltung: Es erklang nicht nur Cajun-Musik aus jedem zweiten Keller, im „Pat O'Brian" gaben gleich zwei Pianistinnen amerikanische Volkslieder zum Besten - zum Mitsingen. „It's the biggest Act in the South!", war eine der beiden bei unserer anschließenden kurzen Plauderei überzeugt, der amerikanische Hang zu Superlativen eben.

In Pensacola in Florida besaß unser Firmenchef zwei große Strandhäuser, die wir aufsuchten. Er war es längst gewohnt, dass Holzhäuser dort etwa alle 10 Jahre Opfer von Wirbelstürmen wurden.

Ich selbst hatte noch nie zuvor so geschwollene Beine wie bei den andauernden 40 Grad hier. Die Wellen des Golfs von Mexiko schienen so hoch wie die der Nordsee bei Überflutungen. Zum Florida von Disneyworld und zu Cape Canaveral sage ich hier lieber nichts.

Unvergesslich bleibt die Gastfreundschaft der Südstaatler. Die Frauen dort berühren ihre Gesprächspartner mit der Hand, aber viele Amerikaner werden leider immer schwergewichtiger.

Meine Bürochefin bleibt Thema – lesen Sie auch die folgende Geschichte.

7. Angelika auf Werksbesuch in den USA

Angelika Becker wurde zu meiner langjährigen Bürochefin, als ich das Glück hatte, als Enddreißiger eine kleine amerikanische Vertriebsgesellschaft aufbauen und leiten zu dürfen. Sie war schon früher in Verkaufsbüros tätig, ohne ihre Erfahrung und ihre niemals ermüdende Einsatzbereitschaft wäre unser gemeinsamer Erfolg kaum möglich gewesen.

Es war mir gelungen, die US-Chefs zu einer großen Belohnung für sie zu überreden. Diese sollte ein zweimonatiger Aufenthalt im Werk in den Südstaaten (Mississippi) werden. Unsere burschikose Angelika war mit einer überaus scharfen Beobachtungsgabe gesegnet, daher bat ich sie um die kleine Gegenleistung, mir ihre Eindrücke ausführlich und brieflich zu schildern.

Hier sind ihre 20 interessantesten Bemerkungen, zusammengefasst aus ihrer Post an mich:

DIE FIRMA

- „Profit, Profit, Profit. Hoffentlich ersticken die nicht nochmal an diesem Wort!"
- „Selbstverständlich habe ich es hinbekommen, nicht acht Stunden arbeiten zu müssen!"
- „Ich sehe hier eine Menge Leute, die sich nicht gerade die Beine ausreißen!"
- „Ich gucke ein bisschen rum, mache dies, mache jenes. Gestern saß ich am Band, wo die fertigen Produkte vorbeilaufen."
- „Aber ich kann verstehen, dass die armen Schwarzen, die da den ganzen Tag sitzen müssen, einiges übersehen."
- „Dave Morrow (Verkaufschef) ist recht natürlich. Sagt immer: „Hi Becker!". Ich sage dann: „Hi Morrow!".

- „Bill Downing (Werksleiter) sehe ich öfter. Der rennt auch schon mal in den Hallen rum, meist etwas griesgrämig."
- „Er labert mir etwas von unserem hohen Lagerbestand vor. Aber ich verteidige uns oder starte Gegenangriffe."
- „Ich habe Becky (eine Kollegin) gesagt, das Auto hätten sie wohl im Wald gefunden. Innen war es voller Blätter!"
- „Herr Griemsmann (Lagerarbeiter in Oldenburg) soll nach hinten gehen und gucken, ob nicht vielleicht noch Aufträge vom Mai da liegen!" (Selbst aus 8.000 Kilometern Entfernung sorgte sich Angelika um die Angelegenheiten zu Hause.)

DIE AMERIKANER

- „Bereits nach fünf Minuten hatte ich einen fremden Arm um die Schultern! Ich habe wirklich laut und herzhaft gelacht."
- „Drei Fragen habe ich immer bekommen: „Are you married?", oder „Where is your husband?", „Do you eat Pizza?" und "Why are you so brown?" (Angelika Becker stammte von portugiesischen Seefahrern ab, die vor Norderney gestrandet waren).
- „Komisch, die Menschen sind so gemütlich, aber haben für Gemütlichkeit doch kein bisschen Sinn!"
- „Die Reichen sondern sich hier sehr deutlich ab. Und irgendwie sind die Menschen einsam. Ich kann es nicht erklären, aber ich spüre eine Kluft."
- „Dürre Frauen laufen hier herum, und mit Frisuren! Satan, Teufel! Unsere sportlich-herben Typen gibt es hier nicht."
- „Und dann die 18-jährigen Ehefrauen am Pool. Hausfrauen ohne Kinder, die wie 15 aussehen!"
- „Diese Fernseh-Reklameunterbrechungen machen mich noch ganz krank! Und was soll dieser Als-Ob-Puritanismus - z. B. keinen Alkohol servieren?"
- „Der Becky gefällt meine kahle Wohnung wohl sehr gut. Sie hat sich ganz begeistert geäußert. - Ich dachte, ich träume!"

- „Alles war erstmal entsetzt. Ich sagte: „No problem!". Bin es gewöhnt, mit mehreren Männern allein zu sein."
- „Jedenfalls bin ich dann auf dem Highway spazieren gegangen. Einige winkten, angestaunt hat mich alles!"

NACHWORT

Nie bin ich selbst in so euphorischer Stimmung, wie auf Langstrecken-Flügen über die USA. Dann begreife ich den Stolz ihrer Bewohner, Amerikaner zu sein, und warum das Interesse an anderen Ländern eher mäßig ist!

8. Der Hüne in der 1. Klasse neben mir

Es war in den späten Achtzigern des letzten Jahrhunderts. Auf der Rückreise von einer Geschäftsreise nach Paris bekam ich für den Anschlussflug Frankfurt-Bremen wegen Überbuchung einen Platz in der 1. Klasse zugewiesen.

Nachdem das Flugzeug seine Reisehöhe erreicht hatte, begann der ewig neugierige, verkappte Journalist in mir, seinen Nachbarn unauffällig zu studieren. Es handelte sich um einen hünenhaften Bel Homme mit auffallend bunten Hosen im Schottenmuster, der sich in einem Büchlein ununterbrochen Notizen machte.

Irgendwann unterbrach ich sein Geschreibsel mit einer flapsigen Bemerkung, und - ruckzuck - war ein Gespräch im Gange! Zu meinem größten Erstaunen entpuppte sich mein Nachbar als Carlos Thompson, zweiter

Ehemann des Weltstars Lilli Palmer (vom Typ her heute am ehesten mit Meryl Streep vergleichbar) und ebenfalls Schauspieler („Das Wirtshaus im Spessart").

Thompson war auf dem Weg zu einem Interview mit Radio Bremen, in dem es um seine soeben erschienene Biographie von Winston Churchill gehen sollte. Das war eine unerschöpfliche Quelle von Gesprächsstoff, die bis zur Landung und darüber hinaus reichte.

Nach dem Ausstieg ging ich absichtlich voraus, weil ich mich auf keinen Fall aufdrängen wollte. Aber er holte mich ein, und unser Gespräch setzte sich fort. Mit unserem Gepäck in den Händen fühlte ich mich regelrecht geehrt, von ihm für den Abend an die Bar des Park-Hotels eingeladen zu werden.

„Kann ich meine Frau mitbringen?"
„Aber selbstverständlich!"

Mit dieser Nachricht auf den Lippen zu Hause angekommen, rief meine Frau unseren damals Teenager-Kindern zu: „Jetzt schleppt Papa auch noch Schauspieler ins Haus!" Es war sofort klar, dass wir als Aufmerksamkeit für unseren Gastgeber die schönste Frau, die wir kannten, mitbringen würden - eine ehemalige Stewardess, inzwischen Studienrätin.

Das Vierergespräch an einem kleinen Tisch der dezent beleuchteten Hotelbar war hochinteressant. Carlos Thompson konnte gut erzählen, und wir anderen drei fragten ihn ungehemmt aus. Warum er aus seinem Geburtsland Argentinien weggezogen sei? „Dort gibt es keine wirkliche Demokratie, sondern eine korrupte Elite. Argentinien hat eine Bevölkerung, die alles mit sich machen lässt."

Richtig interessant wurde es, als ein Hotelpage die Nachricht überbrachte, dass Lilli Palmer am Telefon sei. Sofort fragten wir uns, ob er Pantoffelheld

oder ein ebenbürtiger Ehemann wäre?
Er war wohl doch eher letzteres, denn er ließ ausrichten, er würde zurückrufen. Auch beim Abschied entpuppte sich Carlos Thompson als vollendeter Gentleman. Er ließ es sich nicht nur nehmen, sämtliche Drinks zu bezahlen, sondern begleitete uns auch zur Garderobe, half den Frauen in die Mäntel, gab ein großzügiges Trinkgeld und wartete so lange, bis wir uns zum Gehen wandten. Wahrlich ein Stil, der des Ehemannes einer Filmgöttin würdig ist!

Auf der Heimfahrt konnte ich es mir nicht verkneifen, ein wenig am Heldenimage zu kratzen: „Was sagt ihr zu den bizarren Texas-Stiefeln und dem Schnürsenkel-Schlips?"

„Gerhard, das verstehst du nicht. Ein SOLCHER Mann kann sich das leisten!"

Viele Jahre später erfuhr ich in einer Radiosendung, dass Lilli Palmers erster Ehemann, Rex Harrison, ihr ständig untreu war und sich wegen der krebskranken (aber hocherotischen) Kay Kendall eine „vorübergehende" Scheidung ausbedungen hatte, um letzterer beistehen zu können.

Man wollte sich jedoch im Monatstakt der gegenseitigen Zuneigung versichern. Pech war nur, dass dann Carlos Thompson auftauchte, in den sich Lilli Palmer prompt verliebte.

Irgendwann nach der Jahrtausendwende starb Lilli Palmer. Nur zwei Jahre später entdeckte ich in einer Zeitung unter der Rubrik „Persönliches" die Kurznachricht, dass sich der Schauspieler Carlos Thompson in einem Hotel in Los Angeles erschossen hatte.

Eine gleichwertige Nachfolgerin für eine Lilli Palmer ist schlechterdings nun einmal nicht vorstellbar....

9. Was ich mit einem 7er BMW als Firmenwagen erlebte

Nachdem unsere Vertriebsfirma ein paar Jahre profitabel gearbeitet hatte, war die Zeit reif, meine US-Chefs um einen etwas repräsentativeren Firmenwagen zu bitten.

Und tatsächlich gestand man mir den Erwerb eines gebrauchten, olivgrünen 7er BMWs zu. Ich hatte noch nie länger am Steuer einer so hochtourigen Limousine gesessen und war deshalb ziemlich platt, was ich von diesem Moment an alles mit „des Mannes liebstem Kind" erlebte.

Zuerst vielleicht meine Erlebnisse auf Autobahnen: Auf den Auffahrten hielt ich mich, wie es sich gehört, an die vorgeschriebene Maximalgeschwindigkeit. Schon dort tauchten immer wieder Drängler auf, die mir beinahe an der Stoßstange klebten. Nur wenig später konnte ich Kontra geben. Ich drückte mein Gaspedal einfach bis zum Anschlag durch, sobald ich auf der Autobahn war. In kürzester Zeit verschwanden die Drängler aus meinem Rückspiegel.

Allerdings erschienen - selbst bei Tempo 180 - immer wieder andere Quälgeister hinter mir, die langsam, aber beharrlich aufholten. Allmählich lernte ich sie kennen und ging ihnen tunlichst aus dem Weg: Es waren die berüchtigten Golf GTIs, die die Angelsachsen „the poor man's Porsche" nannten.

Einmal war ich mit zwei amerikanischen Geschäftsleuten mit großem Altersunterschied unterwegs. Kurz vor Hamburg erweiterte sich die Autobahn auf drei Spuren. Da sie eigentlich leer und es ein sonniger Tag war, erlaubte ich es mir, ein Weilchen stramme 190 Kilometer pro Stunde zu fahren. Wegen der in Amerika selbst auf Autobahnen maximal zulässigen 120 Kilometer pro Stunde kannten meine Begleiter dieses Hochgefühl nicht.

Ich sah im Rückspiegel den schon grauhaarigen Verkaufsdirektor erbleichen. Aus dem dagegen jugendlichen Firmen-Präsidenten neben mir platzte es jedoch heraus:

„Ich werde mir einen Porsche kaufen und genauso rasen!"

Wie sehr bei uns ein Mann mit seiner Automarke identifiziert wird, beweist mein folgendes Erlebnis: Ich war eine Woche in einem nahen Badeort zur Kur und hatte dabei die Bekanntschaft eines Vertreters gemacht. Als Ingvild mich am letzten Tag mit dem 7er BMW abholte, fiel dieser gute Mann aus allen Wolken und rief aus: „Warum haben Sie mir das nicht g l e i c h gesagt??"

Die Krönung ist allerdings folgende Story: Wir hatten eine Nachbarin und eine entfernter wohnende Bekannte zu einem Event in die Stadt eingeladen. Alles saß bereits im Auto, als die Bekannte mit dem Fahrrad eintraf. Noch bevor wir ihr die Autotür öffnen konnten, rief sie ziemlich sprachlos aus: „Ist das der große BMW?"

„Ja, ja", sagte beruhigend unsere Tochter. Die Bekannte ließ nicht locker und rief ein zweites Mal:

„Ist das w i r k l i c h der große BMW?"

Die Mitglieder unserer Familie amüsierten sich trotz aller Bagatellisierungs-versuche unserer Tochter königlich. Uns war nicht entgangen, dass unsere bereits im Auto sitzende Nachbarin regelrecht angewidert dreinblickte...

10. Markt-Recherche am Kap der guten Hoffnung

Es war im Jahre 1982, also noch zu Zeiten der Apartheid in Südafrika. Ingvild und ich wollten endlich ihren nach Kapstadt ausgewanderten Bruder Peter besuchen.

Da ich Urlaube schon nach wenigen Tagen, wenn mich die Langeweile überkommt, gerne zu Marktforschungs- oder Bewerbungszwecken umnutze, kann auch dieser Trip durchaus als Geschäftsreise gelten.

Der Flug nach Johannesburg veranschaulicht die Größe des afrikanischen Kontinents. Er zieht sich doppelt so lange hin wie Flüge nach Nordamerika. Bei der Weiterreise nach Kapstadt begeistert natürlich der Anblick des berühmten Tafelberges.

Unvergesslich bleibt der Anblick einer jungen Burenmutter aus der Oberschicht mit einem schwarzen Kindermädchen, hinter der adrett gekleidete Kinder wie die Orgelpfeifen marschierten.

Man darf nicht vergessen: Südafrika und Rhodesien waren früher Teil des britischen Empires, in dem sehr auf Distanz zu den „Natives" geachtet wurde, wunderbar veranschaulicht in David Leans Klassiker „Reise nach Indien".

Durbanville ist ein nordwestlich von Kapstadt gelegener Vorort für die gehobene Mittelschicht, der über die Autobahn in 20 Minuten zu erreichen ist. Die Grundstücke dort sind durchweg gegen 2.000 Quadratmeter groß und wie in Amerika zur Straße hin nicht eingezäunt.

So wunderte uns denn auch Peters Ausspruch bei unserer Ankunft keineswegs: „Schwesterlein, jetzt hab' ich Dich überholt!" Sein Fuhrpark bestand aus drei Autos. In seinem Fall war das allerdings auch der Unfähigkeit südafrikanischer Autowerkstätten geschuldet, weil immer mindestens eins davon gerade repariert wurde.

Peter war gelernter Zahntechnikermeister. Er hatte sich in den letzten Jahren eine beachtliche Existenz aufgebaut: Ein Zahntechnik-Labor mit drei Angestellten, das mehrere Zahnärzte zu seinen regelmäßigen Kunden zählen durfte.

Ein Unglück, dass es in Peters Erfolgsstory vor kurzem einen gewaltigen Bruch gegeben hatte, der unseren Besuch nach sich zog und Peters seelischer Stärkung dienen sollte: Seine deutsch-südafrikanische Ehefrau hatte sich in ihrem landwirtschaftlichen Studium (Seine Kollegen hatten davon wegen jeder fehlenden sozialen Absicherung in Südafrika dringend abgeraten. - „Wir schaffen das!" war Peters Antwort darauf.) in ein Techtelmechtel mit einem anderen Studenten eingelassen. Ihr Professor hatte die andauernden Störungen seiner Vorlesungen satt und rief schließlich sogar persönlich an, dass Peter als Ehemann diese Unterrichtsstörung doch – bitteschön – unterbinden möge!

Die folgende Scheidung und Auszug der Familie mit drei Kindern ließen meinen Schwager ziemlich ernüchtert und finanziell stark angeschlagen zurück. Uns fielen traurige Zelt-Siedlungen ein, die wir sogar vom Flugzeug aus erkennen konnten. Dort lebten verarmte Weiße. Jahre später versuchte Peter mit unserer Unterstützung verzweifelt, nach Europa zurückzukehren. Er wurde nur 56 Jahre alt.

Für uns Europäer sind die Schönheit der Landschaft und das milde Klima Südafrikas überwältigend. Die allerorts fehlende Kultur konnten diese beiden Reichtümer des Landes nicht verbergen. Die Qualität der TV-Programme spottete schon damals jeder Beschreibung, und es dauerte gar nicht lange, dass uns das Land im Vergleich zu Europa langweilte - ein Los, das viele ehemalige Kolonialländer teilen.

Bei meiner unvermeidlichen Erkundung des südafrikanischen Sanitärmarktes stellte sich überraschend heraus, dass die Ausstattung der Badezimmer für europäische Begriffe regelrecht vorsintflutlich war, niedrigpreisig und von englischen Lieferwerken beherrscht. Badausstellungen wirkten regelrecht vergammelt. Deshalb machte ich mit meiner zwei Jahre später gegründeten Export/Import-Firma von Anfang an einen großen Bogen um dieses Land.

Da ich damals noch angestellter Geschäftsführer war, und die brenzlige Mittelstreckenraketen-Debatte in Europa ihren Höhepunkt erreicht hatte, bewarb ich mich auf passend erscheinende Stellen auch in Südafrika. Auf der Rückreise machten wir wegen meiner Bewerbungen in Johannesburg Station. Eine einzige Situation in dieser Stadt beendete allerdings sämtliche meiner Bewerbungs-Illusionen: Während meines Gesprächs mit dem jugendlichen Personalberater entdeckte ich eine beträchtliche Ausbuchtung in einer seiner beiden Socken und befragte ihn dazu. Das sei sein Revolver, und den habe er aus Sicherheitsgründen immer bei sich, erklärte er.

Er riet uns dringend davon ab, die Innenstadt von Johannesburg oder Kapstadt abends auch nur zu betreten. Das seien „No-go-areas" für Weiße und insbesondere ausländische Weiße. Villen in den Vororten sind durch hohe Stahlzäune und scharfe Hunde gesichert. Jeder Kunde von Kaufhäusern wird zuerst auf Waffen untersucht. Gefahr für Leib und Seele bestehe einfach an zu vielen Orten…

Die wohl bizarrste Geschichte zu diesem Thema las ich damals in einer Zeitung. Eine burische Farmersfrau betrat ihr Schlafzimmer und sah ein paar schwarze Zehen unter ihrem Bett hervorragen. Sie sprang sofort hinauf und schoss ohne Vorwarnung von oben mehrfach durch die Matratze. Den Rest besorgten ihre Knechte.

Seither können uns auch die schönsten touristischen Anzeigen nicht mehr verführen, in Südafrika Urlaub zu machen. Der weiße Mann hätte den afrikanischen Kontinent vielleicht besser nie betreten. Die seit Generationen bewährten Stammesregeln der afrikanischen Ureinwohner passten sehr wohl zu ihrer Mentalität und hätten ohne Einflüsse von außen Tausende Jahre weiterfunktioniert. Coca-Cola und die schon lange wirkende westlich geartete Urbanisierung nicht. Als Folge davon wird es nach allen Hochrechnungen noch Im 21. Jahrhundert in Afrika eine Bevölkerungs-Explosion geben, die unser Planet noch nie erlebt hat.

11. Meine Erlebnisse an der Seite von Verkaufsgenies

In der Zeit, als ich die kleine europäische Niederlassung eines US-Konzerns aufzubauen und zu leiten die Ehre hatte, begegnete ich besonderen Geschäftsleuten, deren phänomenale verkäuferische Erfolge mich maßlos beeindruckten. Ich grübelte immer wieder über die möglichen Ursachen dieser Erfolge.

Drei dieser Verkaufsgenies (Roger Thomas, Fred Herzberg und Clifford Morris) habe ich in eigenen Beschreibungen in diesem Buch verewigt. Ein weiteres war einer meiner Onkel väterlicherseits, dem sich mein allererster Chef als Verkaufsingenieur in Frankfurt zugesellte. Diese beiden sind der folgenden Aufzählung vorangestellt.

DIETRICH SCHUSTER

Er galt in der Verwandtschaft als der Verführer schlechthin. Onkel Dietrich war ein überaus erfolgreicher Geschäftsmann, aber es ging auch die Rede, dass, wer und wann immer die Tür zu seinem Privatbüro öffnete, dort eine Frau vorfand, die kein Mitglied der Familie je zuvor gesehen hatte.

Auch meine ältere Schwester hatte diesen Onkel während ihrer „Marilyn Monroe-Zeit" besucht. Sie erzählte später von dem Gefühl, nichts anzuhaben, als er die Wohnungstür öffnete.

An eine Begegnung erinnere ich mich sehr intensiv: Mein Onkel grüßte mich Berufsanfänger besonders herzlich, zog mich dicht zu sich heran und konzentrierte sich derart aufs Fragen und Zuhören, dass ich unwillkürlich das Gefühl hatte, er hätte eine Art Cape über uns beide gezogen. Das Geheimnis von Bill Clintons Erfolg als Politiker haben Insider ähnlich beschrieben.

JOHN G. PERLITZ

Meinem ersten Chef, Niederlassungsleiter Frankfurt der Trane Technologies Inc., eilte ein Ruf wie Donnerhall voraus. Der brillante Absolvent der ETH Zürich und danach langjähriger Nahost-Vertreter des Marktführers Carrier wurde zu meiner Verblüffung als bester Verkäufer Europas bezeichnet.

Während meiner ersten Anstellung hatte ich das große Glück, ihn bei mehreren Kundenbesuchen begleiten zu dürfen. Sofort durchgewinkt zur Geschäftsleitung glänzte der Aristokrat und Dressman mit geschliffener Erklärung der hochkomplexen Kältemaschinen, garniert mit leicht anzüglichen Witzen.

Widerstand zwecklos, die Konkurrenz hatte keine wirkliche Chance. Die Kehrseite: Zwei Ehefrauen ergriffen samt Kindern vor diesem Perfektionisten die Flucht. Wer an seinem ständig frisch gewaschenen Mercedes auch nur eine Spur hinterließ, musste sich wirklich warm anziehen. Das galt auch im Falle von Eselsohren, wenn er welche in von ihm verliehenen Büchern fand.

GERRIT VAN STAVEREN

Der hünenhafte, schlaksige Sonnyboy galt als Hollands bester Verkäufer in der Sanitärbranche. Sein jungenhafter Charme nahm sofort gefangen. Waren wir gemeinsam bei Kunden, und es wurde Holländisch gesprochen, gab er mir nach einer Weile einen Klaps aufs Knie und rief laut auf Deutsch: „Bestellung!"

Nach einer Übernachtung in einem Motel ließ sich einmal beim Frühstück eine hochgewachsene Schönheit von ihm Feuer geben, es entspann sich ein kurzes Gespräch. Als ich ihn danach fragte, worum es gegangen wäre, antwortete er: „Sie wollte wissen, ob ich heute Abend auch hier bin!"

PETER LETTLER

Neben dem Franzosen Roger Thomas war er der zweite 120.000 km-Mann in unserer damaligen Vertreter-Riege. Dieser Vielreisende vertrat in Bayern und in Österreich zwei Weltkonzerne. Er trug unter Kollegen den Spitznamen „Der große Lettler" und galt als Spitzenverdiener der Branche.

Bei gemeinsamen Besuchen wurden wir beinahe immer zur Geschäftsleitung im ersten Stock durchgewinkt, wo sofort die Kaffeetassen aus dem Schrank geholt wurden. Neben dem Rekord der gefahrenen Kilometer gab es eine zweite Parallele zu Thomas - sein eher unscheinbares, etwas bäuerlich wirkende Äußere und sein Auftreten. Deshalb arrangierte ich einmal eine Begegnung mit Ingvild, und erhielt von ihr die schon bekannte Antwort:

„Gerhard, das verstehst Du nicht, dieser Mann hat ein inneres Feuer!"

Seinen kleinen Größenwahn - Lettler wohnte am Starnberger See in derselben Straße wie die beiden damals reichsten Deutschen Flick und von Finck - merkte man ihm niemals an. Auch ihn durfte ich zu Hause besuchen.

HEIN KASTELEIN

Diese Beschreibung kann unmöglich beendet werden, ohne das zweite holländische Verkaufsgenie zu erwähnen, das mir in meinem Leben begegnet ist. Von 2009 bis 2014 arbeitete er für mich. Schon im zweiten Jahr schoss er, was die von ihm erreichten Umsatzzahlen betraf, an die Spitze unserer europäischen Vertretungen. Unvergesslich bleibt mir seine Reaktion, wenn ich ihn auf seinem Mobiltelefon anrief.

Er verwandelte die englische Version meines Vornamens in eine Art Arie mit langsam Anlauf, ausklingend in einem langen „iiiiiiiii"... Ich war jedes Mal gerührt. Zum leider unvermeidlichen Abschied (Sein Chef war in die Insolvenz gegangen.), schickte ich ihm eine Dankmail, die ihn zum besten Verkäufer ganz Hollands erhob, und die ich ihn bat, unbedingt seiner Frau vorzulesen.

12. Clifford Morris – Eloquenz im Geschäftsleben

In den Jahren 1975 bis 1983, als ich die kleine europäische Niederlassung der B. Corporation zu leiten die Ehre hatte, war unser größter Einzelkunde ein regionaler Importeur („Distributor"), der seinen Firmensitz in Macclesfield, Cheshire hatte, was ungefähr auf halbem Weg zwischen Birmingham und Manchester lag.

Er war ein schlanker, älterer Gentleman, immer perfekt gekleidet, oft mit dem Bowler Hut der englischen Oberschicht. Er hatte - Gerüchten zufolge - seine Kunden gelegentlich auch mit einem Rolls Royce besucht und schien aus unerklärlichen Gründen ein Faible für den Deutschen mit dem kanadischen Akzent entwickelt zu haben, obwohl ich jünger als sein Sohn war.

Auf italienischen Messen marschierte er üblicherweise mit den energischen Schritten eines Generals im Niemandsland, dabei ununterbrochen in sein Diktiergerät sprechend, während zwei Mitarbeiter - Adjutanten ähnelnd - in respektvollem Abstand folgten.

In Vieraugen-Gesprächen klagte Morris beinahe ohne Ende über seinen „nutzlosen" Sohn (Mitglied einer Band), über seine Ehefrau und nicht zuletzt die städtischen Hooligans, die nach ihren samstäglichen Pub-Touren immer wieder seinen Garten und Teich verwüsteten.

Dieses Wunder an Disziplin von landesweitem Ruf in der englischen Sanitärbranche führte seinen Betrieb bis zum 80. Lebensjahr. Er ist einer von nur zwei europäischen Geschäftsleuten, bei denen ich das gesehen hatte. Der andere war ein spanischer Aristokrat, ein Fabrikant von Badewannen, der so lange ausharrte, bis ein Enkel seine Nachfolge antreten konnten, seinen Sohn hielt er nicht für geeignet.

Einmal erlebte ich diesen Grandseigneur auf der weltgrößten Sanitärmesse in Frankfurt, wo er wie ein Fürst im Kamelhaarmantel durch die Gänge schritt, an seiner Seite die wohl schönste Frau auf der gesamten Messe. Ich fühlte mich geehrt, weil er mich erkannte (ich hatte seine Wannen für den deutschen Markt getestet) und wir ein kurzes Gespräch führten.
Der erstaunlichste Aspekt der Geschäftsverbindung zu Clifford Morris war seine beispiellose Eloquenz, die messerscharfe und bildreiche Präzision seiner Sprache, oft mit einem Hauch Ironie. Die bedingungslose Härte seines Verhandlungsstils fand bei unseren europäischen Kunden nicht ihresgleichen und machte mir endgültig klar, w a r u m es gerade den Briten gelang, ihr gigantisches Empire aufzubauen.

In jenen Jahren gab es noch keine Fax-Geräte, geschweige denn das Internet, sodass unsere Korrespondenz per Fernschreiber ablief. Eine der wertvollsten Erinnerungen meines Geschäftslebens ist deshalb eine Sammlung seiner 20 besten Telexe, die eingerahmt in meinem Büro hängt. Deren Spannweite reicht

V O N:
„Niemals in meinen wildesten Befürchtungen hatte ich auch nur geahnt, eines Tages mit einem 30-tägigen Zahlungsziel (statt 60 Tagen) konfrontiert zu werden. Das ist mein letztes Wort in der Angelegenheit!"

Ü B E R:
„Ich fürchte, Ihre Bedingungen für die Aufnahme der Farbe Blau sind unannehmbar! Wir wollen einfach nur die zusätzliche Farbe Blau, und zwar ohne Anhängsel. Die Antwort in jedem Fall lautet: „Nein Danke!"

B I S:
„Wir sind dankbar, wirklich außerordentlich dankbar für Ihren letzten Besuch, denn Ihre Aufmerksamkeit ist - wie immer - von einer sehr besonderen Art, und es bereitet mir und meinen Mitarbeitern (mit „Mister" und Nachnamen aufgeführt) großes Vergnügen, mit Ihnen gemeinsam zu lunchen."

Heute gibt es die Clifford Morris Limited nicht mehr. Exzentrische Genies - wie er - haben nun einmal in der Regel keinen Nachfolger.

13. Worte eines veritablen „Shooting-Stars", neun Jahre lang mein Chef

Neun Jahre lang, von 1975 bis 1983, hatte ich als „Europa-Statthalter" der südstaatlichen B. Corporation einen genialen Chef - einen Schönling und Kevin Costner Double mit Adlerblick –den erstaunlichsten „Shooting-Star", der mir je begegnet ist.

Als knapp 40-jähriger beaufsichtigte er schlussendlich mehrere Tochterfirmen innerhalb eines der größten Mischkonzernen Amerikas. Es war die Rede von einer Bewerbung als Senator in Washington. Seine Auftritte im Country Club erinnerten an Fürsten, in den Flughäfen verfolgten ihn seine abgelegten Liebschaften.

Bud starb völlig überraschend an Krebs, in demselben Monat, in dem ich meine eigene Firma gründete. Weil sich dieser Tag kürzlich zum 35. Mal jährte, habe ich die Beobachtungen, die er mir im Laufe der Jahre in bemerkenswerter Offenheit mitteilte, aufgeschrieben.

Gewiss sind es erstaunliche Sätze, aber die überwältigende Ausstrahlung dieses jugendlichen Siegfried-Typs, der jünger als ich war, ließ damals vieles in anderem, milderen Licht erscheinen als heute und verzeiht vieles:

- Über seinen Vorgänger, ein von mir verehrter Grandseigneur, wahrscheinlich nicht durchsetzungsstark: „Er eignet sich höchstens als Page im Kongress!"
- Bei unserer allerersten Begegnung (Ich war schon engagiert, und er wusste vermutlich bereits, dass er demnächst Präsident sein würde: „Gerry, würdest Du gern 80.000 Dollar jährlich verdienen?" (Das entspricht heute 200.000 €).
- Über die Schwarzen: „Wir tragen sie auf unserem Rücken!"

- Über die Außenpolitik: „Wenn die Araber weiter Trouble machen, schicken wir unsere Bomber rüber!"
- Über meine Erklärung einer verzwickten Situation zum Gruppenchef im Mischkonzern: „Gerry, mach das nie wieder!"
- Über eine blonde Schönheit an der Bar des Interconti-Hotels: „Gib ihr meine Visitenkarte und sage ihr, ich liebe sie bereits!". Ich lehnte es ab, den Butler zu geben, das tat dann der Barkeeper.
- Über die Konkurrenz: „Wir werden ihnen am Gebirgspass den Weg verlegen!"
- Über Handelsvertreter: „Wenn alle Deine Vertreter so gut wie Van Staveren sind, gibt's bei Dir nur Volltreffer („Batting a Thousand").
- Über eine ausgebuchte Erste Klasse: „Sag Michel, er soll einen Privatjet chartern!"
- Über Sparsamkeit: „Sei nicht frugal! Arbeite hart, aber auch klug!"
- Über das Schunkeln in einer Frankfurter Äppelwoi-Kneipe: „Ich glaube, ich bin mehr Europäer als Amerikaner! In den Staaten würde so etwas schnell ordinär werden!"
- Über Vize Cade: „Ich muss Michel einen neuen Job verschaffen, ich glaube, er hat Angst vor mir!"
- Über meinen belgischen Vorgänger: „Er wurde mit seinen Händen in der Firmenkasse erwischt!"
- Über meine Ehe: „Gerry, wie hast Du es nur geschafft, diese Frau zu heiraten?"
- Über mich selbst: „Du bist der flexibelste Konservative, der mir je begegnet ist!"
- Da wusste ich, dass das Ende nahte: „Ich will, dass Du einen Business-Plan mit einer Vervierfachung (!) des Umsatzes im nächsten Jahr aufstellst!"

Kommentar seiner Ehefrau, eines kalten Model-Typs: „Bud war eine der begehrtesten Partien in den Südstaaten!" Diese extrem ehrgeizige Frau trieb Bud dermaßen an, dass in der Firma bald die Angst regierte (Management by Fear), und fähige Manager die Flucht ergriffen. Dass er als bereits todkranker Mann (Magenkrebs) nach Europa kam, um schließlich auch mich zu vernichten, ist eine eigene Geschichte.

Im April 1984 erlosch dieser brillante, jugendliche Meteor der Geschäftswelt für immer.

14. Warum mich die Schweizer Polizei aus einem Basler Hotel holte

Ich kam ziemlich ermüdet und bereits in der Dunkelheit am Hauptbahnhof von Basel an, nahm dort einen kurzen Imbiss ein und begab mich zum Hotel.

Meine preiswerte Herberge lag unweit des Bahnhofs, mein Büro hatte telefonisch gebucht. Schon beim Check-In missfielen mir sowohl die heruntergekommene Empfangsdame als auch der hinter ihr lauernde Araber.

Sei's drum - nachdem sich der Portier mit meinem Koffer zum Aufzug aufgemacht hatte, folgte ich ihm. Der Mann war mir unheimlich, ein Gefühl, dass mich im Aufzug sehr stark überkam. Das Flur war erstaunlicherweise unbeleuchtet, sodass der Portier alle acht bis zehn Meter einen anderen Lichtschalter betätigen musste, um Licht zu haben. Schon wollte ich angewidert umkehren, als mein „Wegweiser" ausrief: „Hier ist es!"

Aus Sicherheitsgründen ging ich nicht ins Zimmer voran, sondern blieb am Türrahmen stehen. Er übergab mir widerwillig den Schlüssel und verschwand. Nach Trinkgeld war mir nicht mehr zumute.

Aber jetzt konnte ich es mir im Zimmer gemütlich machen, ich hing Jacke und Mantel in den Schrank und öffnete meinen Koffer. Als ich mich dann ganz entspannt und noch angezogen aufs Bett legte, spürte ich etwas Hartes unter dem Kopfkissen. Ich hob es hoch und sah - eine Pistole.

Das Maß war voll! Ich packte meine Sachen wieder ein, ging den dunklen Flur zurück und fuhr mit dem Lift nach unten. Beim Empfang beschwerte ich mich umgehend: „Ich kann in Ihrem Hotel nicht länger bleiben! Unter meinem Kopfkissen liegt ein Revolver!"

Man bat mich zu warten, bis der Portier meine Behauptung geprüft hatte. Das tat er, und ich konnte gehen, zwar ohne Stornokosten, aber eben auch ohne ein Zimmer für die Nacht.

Zu meiner großen Erleichterung fand ich schon wenige Häuser weiter ein hell erleuchtetes Hotel mit freundlichem Personal. Dort gab es auch ein freies Zimmer, und ich war gerade dabei, zum zweiten Mal an diesem Abend meine persönlichen Daten aufzuschreiben, als sich eine Hand auf meine Schulter legte - die eines Schweizer Polizisten.

Ich müsse leider mitkommen, denn die Pistole sei ein deutsches Fabrikat, Marke Walther, sagte er. Damit war ich natürlich so richtig bedient, aber viele Wahlmöglichkeiten hatte ich nicht, ich musste mit.

Nie werde ich die triumphierenden Gesichter der beiden Hotel-Angestellten vergessen, die gleichfalls auf der Wache saßen! Nach etwa einer Stunde hatte Interpol den Eigentümer der Schusswaffe ermittelt. Sie gehörte dem Gast vor mir in dem so kurz belegten Zimmer, einer Amerikanerin.
Ich war wieder frei.

Mein Schlaf in dieser Nacht war der tiefste seit langem.

15.   Im Land des nordischen Napoleons

In den Jahren nach der Firmengründung war nach Italien Schweden das Ziel einer unserer Auslandsreisen. Dort hatte ein findiger, nach dem Krieg mit einem Koffer voller selbstgedrehter Holzknöpfe aus Estland eingewanderter Unternehmer eine beachtliche Sanitär-Produktion aufgebaut. Aber erst geht es um eins der vielen Museen Stockholms.

Betrit man das Nationalmuseum der schwedischen Hauptstadt, ist ein einzelnes, quer über der beeindruckenden Eingangstreppe hängendes Gemälde nicht zu übersehen. Das Bild zeigt, wie ein schier endloser Trupp trauernder Soldaten den toten Karl XII. auf einer Bahre einen schneebedeckten Berg hinunterträgt. Bei der Belagerung einer dänischen Festung war Schwedens größter Held, vielleicht sogar überragender als Gustav Wasa oder Gustav Adolph, von einem gegnerischen Scharfschützen erschossen worden, ganz ähnlich wie Admiral Nelson vor Trafalgar.

Dieser erstaunliche Kriegsmann hatte den Thron als 18-jähriger bestiegen und dann im Nordischen Krieg (1700 - 1721) mit seinen genialen Siegen und einer ihm blind ergebenen Soldateska halb Europa in Atem gehalten. Er sollte sein Vaterland nie wieder betreten. Peter der Große wankte bereits, konnte sich aber dank seiner größeren Ressourcen in der Entscheidungsschlacht von Poltawa (Ukraine) gegen den wegen einer Fußverletzung in den Kampf getragenen Karl retten.

Die Firma Jensson hat ihren Sitz in Orsa, ziemlich genau in der Mitte des Landes, westlich von Stockholm gelegen. Vergleicht man die Außengrenzen Schwedens mit der Form eines Baguette-Brotes, würde man für die Fahrt von Stockholm bis Orsa vielleicht zwei Stunden kalkulieren. Weit gefehlt - mit zweimal Umsteigen dauerte es geschlagene fünf Stunden, was in etwa ein Bild von der Größe des Landes vermittelt.

Nach unserer dortigen Werksbesichtigung und geschäftlichen Besprechungen fuhr uns der Schwiegersohn des damaligen Geschäftsführers, der es inzwischen selbst ist, zum Andenken-Shoppen - komplett vom Senior-Chef finanziert - in die nahe Stadt.

Ingvild und der verwitwete Seniorchef saßen dabei hinten. Meine Frau berichtete später, Herr Jansson Sen. hätte urplötzlich eine Hand auf ihr schwarz bestrumpftes Knie gelegt. Ingvild schwankte eine Sekunde zwischen Zurückweisen und Geschehenlassen. Warum sollte sie nicht einem einsamen alten Mann mit immer noch typischem Unternehmer-Ego diese kleine Sinnesfreude, die ja auch Beweis seiner Zuneigung war, gönnen? Tochter und Schwiegersohn lachten später schallend darüber, den kleinen, ein wenig peinlichen Aspekt mit Leichtigkeit überspielend.

Von einem früheren Stockholm-Besuch als Europa-Chef einer kleinen US-Firma war mir die deutlich größere Freizügigkeit der schwedischen Gesellschaft bereits bekannt. In „Maxims"-Bar auf den im Rundfahrt-Bus getroffenen US-Manager wartend, sah ich zu meiner Verblüffung eine beträchtliche Anzahl gebildeter Single-Schwedinnen jeden Alters - ohne Begleitung und ordentlich herausgeputzt - dieses Lokal betreten. Das wäre in Mitteleuropa meines Erachtens nicht wirklich vorstellbar.

16. Der südfranzösische Unternehmer mit dem Porsche

Kurz nach der Gründung unserer Firma gab es Anlass, einen Fabrikanten nahe Marseille zu besuchen. Ich wollte persönlich sehen, ob wir miteinander ins Geschäft kommen könnten.

Ich hatte diesen Unternehmer mit dem Auftreten eines Playboys im schneeweißen Anzug vor seinem Stand auf einer Messe in Brüssel paradieren sehen, war also auf einiges gefasst.

Und tatsächlich - er holte mich am Flughafen Marseille mit einem silbergrauen Carrera 911 ab. Auf dem „Kleeblatt der Autobahn" raste er mit solch einem Tempo in die Kurve, dass ich das Gefühl hatte, die Zentrifugalkraft würde uns glatt in die nahen Bäume schleudern. Aber die Bodenhaftung des Flitzers aus Zuffenhausen hielt stand.

Einige Zeit später fuhren wir mit normalem Tempo durch eine kleine Ortschaft und kamen an einer roten Ampel zu stehen. Nicht in 1.000 Jahren werde ich vergessen, wie direkt neben mir eine Frau im mittleren Alter auf dem Trottoir in die Knie ging, um den Teufelskerl, der den berühmten Rennwagen fuhr, in Augenschein zu nehmen. In dieser einen Sekunde begriff ich, w a r u m Monsieur Pellegrini einen Porsche fuhr.

Auf dem Rückweg von seiner kleinen Fabrik bat er mich, den Citroën seiner Frau zu übernehmen und ihm auf der Route zu seinem Wohnhaus zu folgen. Kein Problem, ihm diesen Gefallen zu tun, dachte ich, obwohl ich in solch einem Auto mit der Hydraulik eines galoppierenden Pferdes noch nie gesessen hatte.

Das Problem war vielmehr Pellegrini selbst, weil wir jetzt nur auf Landstraßen fuhren, und Mr. Ungeduld immer wieder glaubte, die vor ihm fahrenden Autos überholen zu müssen. Das lief folgendermaßen ab:

Sekunde 1 - Pellegrini setzte sich blitzartig auf die Gegenfahrbahn.
Sekunde 2 - Er überholte mit absolut irrem Tempo.
Sekunde 3 - Der flache Porsche verschwand aus meiner Sicht.

Das Ganze hatte den gleichen Effekt, als wenn man kurz nacheinander ausrufen würde: Ping - Peng - Pong!

Und ich sollte dieses Spektakel mit dem schwer zu steuernden Citroën nachmachen? Ich schaffte es irgendwie, brauchte aber das etwa Zehnfache an Zeit. Kein Wunder, dass ich nach mehreren Wiederholungen regelrecht gerädert an Pellegrinis Haus ankam!

Meine lebenslange Neugier ließ mich die unvermeidliche Frage „Warum?" stellen.

„Ich wollte damit ein paar Jahre lang spielen und ihn dann wiederverkaufen!"

Ich halte mich für einen normalen Mann. Beim Rückflug wirbelten viel mehr Gedanken über den Porsche als über die geschäftlichen Ergebnisse der Reise in meinem Hirn.

17. Keith Harrop - mein unvergesslicher englischer Freund

Das Gesicht von Celmacs Exportleiter begann schon aus der Entfernung zu strahlen, wann immer er mich bei europäischen Fachmessen auf seinen Celmac-Stand zukommen sah.

Ein Sonnyboy par excellence. Keith und mich verband in den 80-iger Jahren, als meine frischgebackene Importfirma Sanitärartikel aus insgesamt sieben Ländern importierte, eine sehr besondere Freundschaft.

Keith und ich kommunizierten, was etwas Besonderes im Geschäftsleben ist, auch über persönliche Themen. Später besuchte er sogar unser damaliges Geschäft in Oldenburg und lernte dabei Ingvild kennen.

Seine unglaubliche Sensibilität für zwischenmenschliche Beziehungen, gewürzt mit der hohen Kunst des unvermeidlichen britischen Flachsens, lässt sich vielleicht am besten durch eine Anekdote illustrieren.

Wir beide hatten damals studierende Kinder. Keith klagte mehrfach darüber, keinen Ton von seinem Sohn zu hören, dem er immerhin monatliche Überweisungen für seinen Lebensunterhalt zukommen ließ. Irgendwann reichte es dem gutmütigen Vater. Er fand in bestem, schwarzem englischem Humor die folgende Lösung:

Er schickte seinem Sohn in einem Umschlag eine vorfrankierte und voradressierte Rückantwortkarte, mit drei möglichen Antworten, von denen dieser lediglich eine ankreuzen sollte:

- Ich bin im Krankenhaus.
- Ich bin im Gefängnis.
- Ich bin tot.

Man will es nicht glauben: Aber nicht mal auf diese Anfrage - halb Seelenschmerz eines Vaters, halb brillante Ironie – antwortete sein Sohn!

Es war keine Überraschung mehr, dass mein sensibler Freund Keith im Zangengriff einer grausamen Geschäftswelt und der Riesenenttäuschung über seinen hartherzigen Sohn an Krebs erkrankte, und zwar ausgerechnet am Ellbogen. Auch die aufopfernde Fürsorge seiner Frau konnte seinen frühen Tod nicht verhindern.

Wahrscheinlich wird jede/r im Laufe seines Lebens auf Menschen stoßen oder gestoßen sein, die einfach „zu gut" für diese Welt sind. Keith Harrop war einer von Ihnen.

18.   Neuntägiger Aufenthalt im „Big Apple"

Im Hochgefühl unseres beeindruckenden, damaligen Sortiments an dekorativen Kosmetikeimern aus französischer Produktion mit für uns nachgebesserten Details versuchte ich im Mai 1989, auch auf dem amerikanischen Markt Fuß zu fassen. Den willkommenen Anlass dafür bot die „Bed, Bath & Linnen Show" in New York.

Nach dem Flug und überwundenem Jetlag besuchte ich am zweiten Tag die Kaufhäuser „Macy's, Inc." und „Bloomingdale's" sowie das große Eisenwarengeschäft „Kraft Hardware" in der Upper Eastside. Es folgten vier Tage Messebesuch an den Vormittagen, nachmittags besuchte ich je zwei Badgeschäfte, einmal das Guggenheim-Museum und das Palais des Stahlmagnaten Carnegie (Ein wenig Kultur muss sein!) und last but not least ausgewählte Buch- und Kleiderläden. Ein wenig Shopping darf sein.

Zum absoluten Höhepunkt meiner Reise wurden jedoch zwei Werksbesuche von potentiellen Lieferanten für Kosmetikeimer am siebenten und achten Tag, also nach der Messe.

Die Firma „Stylebuilt" hat ihren Sitz in einem heruntergekommenen Industriegebiet im Nordosten, die Fabrik war außen komplett mit hässlichem Graffiti verschandelt. Ich konnte mich jedoch überzeugen, dass die Produktion der geflochtenen bzw. edel verzierten Metallbehälter tatsächlich (noch) nicht nach Taiwan ausgelagert war.

Als ich mich einen Moment unbeobachtet glaubte, erwischte mich leider die Chefsekretärin bei dem Versuch, heimlich das im Chaos von Mustern und Akten versinkende Chefbüro zu fotografieren.

„You are photographing our mess?", erscholl es plötzlich hinter meinem Rücken, und ich musste allen nur greifbaren Charme aufbieten, um diese Peinlichkeit wieder auszubügeln. Es gelang. Die Belohnung für meinen Kraftakt war ein Mittagessen mit Chef Jerry Greenfield in einem der Mafia gehörenden Restaurant, wo ein Lakai unser Auto in Empfang nahm, wir aber nicht nach „Schießeisen" durchsucht wurden.

Weit interessanter war der Besuch bei einem aus Ungarn stammenden Fabrikanten von Bad-Accessoires aus Acrylglas am nächsten Tag. Der Einwanderer schien die Härte der amerikanischen Geschäftswelt übertreffen zu wollen. Er hatte auf der Messe in meiner Gegenwart in einer Art Wildwest-Manier tatsächlich einen der Wettbewerber gefragt:

„Was denn? Dich gibt's immer noch? Ich dachte, ich hätte Dich längst erledigt!"

Niemals zuvor hatte ich eine so perfekt saubere und auch irgendwie kahle Fabrik gesehen, man hätte glatt vom Fußboden essen können.

Dieser gnadenlos brillante Aufsteiger musste sowohl Konkurrenten als auch Mitarbeiter das Fürchten lehren!

Nach dem Plaudern im Chefbüro fuhren wir im Cadillac zum Abendessen in seine Villa, standesgemäß mit Pool und Tennisplatz. Auch ein kleines Match im Halbdunkel war noch drin.

Seine Karlsruher Ehefrau (Hofierte er mich, weil ich ein Landsmann von ihr war?) wurde für mich eine große Enttäuschung. Langweiliger und provinzieller ging es nicht mehr, sie hatte kein Fünkchen Glamour oder auch nur Interesse, war zudem noch kinderlos. Ob das auf Dauer gutgehen konnte?

Das letzte Frühstück auf dieser Reise im Hotel hatte es in sich und zeigte wieder einmal, dass man Amerika mental sehr differenziert sehen muss - einmal die von Holländern gegründete „Welthauptstadt" und daneben den Rest des ganzen Landes.

Meine Frühstücksnachbarin zur Linken war eine Unternehmerin Mitte vierzig, die ihren Betrieb soeben an einen Konzern verkauft hatte. Wir führten ein nicht enden wollendes Gespräch über Gott und die Welt. Als ch währenddessen fragend auf ihre Turnschuhe (damals noch längst nicht in Mode) zeigte, erhielt ich diese Antwort:

„Heute klappere ich alle möglichen Wettbewerber ab, damit ich meine Nachfolger entsprechend instruieren kann!"

Nach dem Fortgang der linken Nachbarin wurde ich sehr schnell von einem Deutschen zu meiner Rechten, der unser Gespräch mitgehört hatte, in eine Diskussion verwickelt.

Es handelte sich um einen Investment-Banker, mit Wohnsitzen in München und Vancouver. Beim Tausch der Visitenkarten hielt ich völlig verdattert inne, auf seinem Kärtchen stand „McDougal"!

Des Rätsels Lösung: Dieser etwa 40-jährige Kanadier hatte sich durch das Studium von Mundbewegungen ein völlig akzentfreies Deutsch angeeignet. Meine Bewunderung dafür hat er noch heute.

Was blieb neben vertieften Kontakten zu zwei Lieferwerken als Geschäftserfolg von dieser langen Reise? Ich hatte tatsächlich Erstbestellungen von drei Badgeschäften in der Tasche. Das Hochgefühl legte sich allerdings schnell wieder, weil es mit allen dreien Zahlungsprobleme gab, und bei einem zudem schnell der Eigentümer wechselte.

Da bleibe ich doch lieber im vielleicht etwas behäbigen, aber dafür zuverlässigeren Europa!

19. Der Wirbel, den meine schöne Begleiterin in Italien verursachte

Schon Jahre früher, als ich als frischgebackener Chef einer kleinen amerikanischen Niederlassung für Deutschland in Oldenburg eine Sekretärin zu engagieren hatte, stand ich vor der Frage: Darf eine neue Mitarbeiterin ungewöhnlich schön sein?

Damals entschied ich mich dagegen, weil die Rückkehrerin aus New York derart auffallend war, dass zu befürchten stand, dass junge Männer um 17 Uhr an der Bürotür Schlange stehen würden. Außerdem hatte ich Zweifel am Fleiß einer derart attraktiven jungen Frau.

Diesmal war die Situation eine andere, denn bei meiner eigenen kleinen Firma stand der Kostenfaktor viel stärker im Vordergrund. Außerdem beteiligte sich das Arbeitsamt bei Langzeitarbeitslosen im ersten Jahr mit 50 % an den Lohnkosten.

Ilona war mit ihrem Freund sofort nach der Wende von Schwerin nach Oldenburg gekommen. Zu ihrer Bestürzung gelang es ihr jedoch über ein Jahr lang nicht, eine Stelle zu finden. Der Grund: Westdeutsche Personalchefs sahen Zeugnisse aus der DDR überaus kritisch und hatten bei ostdeutschen Bewerbern zudem immer die Misswirtschaft der späten DDR im Hinterkopf.

Das war mein Glück, denn Ilona entpuppte sich für unsere kleine Firma als absoluter Glücksgriff - sie hatte in kürzester Zeit das Büro im Griff und ermöglichte mir unerwartet schnell wieder Geschäftsreisen und auch Kurzurlaube.

Nach ein paar Jahren war es Zeit, für ihre herausragenden Leistungen Danke zu sagen: Ich schlug ihr die Begleitung bei einer meiner Geschäftsreisen zu unseren Lieferwerken in Italien vor, was sie mit Freuden akzeptierte.

Nie im Leben hätte ich mir vorstellen können, wie stark das männliche Italien auf weibliche Schönheit – in diesem Fall akzentuiert durch eine blonde Mähne und einen feuerroten Wintermantel – reagieren würde!

Es begann bereits beim Besteigen des Flugzeuges von Berlin nach Mailand. Ich hatte - als deutlich älterer Chef - den Fehler gemacht, voranzugehen, wodurch ich nicht sehen konnte, was hinter mir auf der Gangway geschah. Als ich mich nämlich auf meinem reservierten Platz ganz vorn niedergelassen hatte, setzte sich plötzlich nicht meine blonde Sekretärin, sondern ein blutjunger Italiener neben mich. Auf meine verblüffte Frage, wo denn meine Begleiterin sei, erwiderte er lächelnd: „Die sitzt hinten bei meinen Freunden!"

Mit anderen Worten: Noch während wir die Gangway erklommen, muss sich blitzschnell ein Gespräch zwischen Ilona und einer Gruppe junger Italiener ergeben haben:

„Wer ist der ältere Herr?"
„Das ist mein Chef!"
„Versteht der Spaß?"
„Er kann sehr tolerant sein!"

Und da Ilona (wir siezten uns nach wie vor) kein Kind von Traurigkeit und auch kein Spielverderber bei Flirtversuchen war, machte sie diesen kleinen Schabernack gern mit.

Beim Ausstieg ließ sich unsere gemeinsame Geschäftsreise problemlos fortsetzen, die auch einen Kurzbesuch (mit dem Zug) in Venedig beinhaltete. Unvergesslich dabei ein Foto von Ilona neben dem hünenhaften Verkaufsleiter unseres wichtigsten Lieferanten: Vor schierer Begeisterung über das schöne Geschöpf neben ihm hatte Signore Verona auf dem Foto das bekommen, was man gemeinhin als „Glotzaugen" bezeichnet …

Ach ja - dann war da noch der gemeinsame Spaziergang in unseren weiten Wintermänteln – sie in ihrem feuerroten, ich in meinem tiefschwarzen – durch Italiens wohl berühmteste Einkaufspassage, die Galleria Vittorio Emmanuela, direkt neben dem Mailänder Dom. Für immer unvergesslich die Blicke der heißblütigen italienischen Männer, die uns entgegenkamen, das ungleiche Paar mit durchdringenden Blicken musternd:

- Die älteren Männer mit einem unterwürfigen, fast hündischen Blick, mir signalisierend: „Das was Du kannst, ist mir leider nicht gelungen!"
- Die jungen Männer dagegen mit geradezu wütenden Blicken: Was unterstehst Du alter Mann Dich, diese Göttin nur dank Deines Geldes für Dich zu beanspruchen!"

Auf der Rückreise musste der abendliche Flieger wegen eines Berliner Schneesturmes (ja, das gab es damals!) in Stuttgart notlanden. Hier geschah ein letztes Beispiel dafür, wie schönen Frauen im Land von Machos der rote Teppich ausgerollt wird:

Als Ilona und ich am Ende einer nicht enden wollenden Schlange im Dunkeln auf Taxis warteten, gab es ein überraschendes Wunder: Ein wildfremder, junger Italiener rannte von der Spitze der wartenden Schlange zu uns, und meine Begleiterin und ich braosten bereits im allernächsten Taxi - zusammen mit ihm - allen davon!

20. Der kleine Armani der Sanitärbranche

Orazio Bellerini war ein Phänomen.

Es war kurz vor der Jahrtausendwende. Mit seiner kleinen Firma an der Adria lieferte er sich mit einem holländischen Design-Unternehmer ein Kopf-an-Kopf Rennen, wer in Europa die schönsten und praktischsten kleinen Edelstahl-Waschtische samt Spiegeln und Zubehör entwickeln konnte. Und natürlich mussten wir sein Importeur für Deutschland werden.

Aber noch mehr als seine Produkte faszinierten uns dieser Mann und seine Arbeitsweise. Alles war perfekt bei diesem Ästheten: sein Äußeres, die superb abgestimmte Kleidung, die präzise Sprache, die schnell aufs Papier hingeworfenen Skizzen und die Zuverlässigkeit seiner schriftlichen Antworten. Seine Umgangsformen waren höflich korrekt, keineswegs herablassend. Humor, Herumalbern oder Flachsen waren allerdings seine Sache nicht.

Nach den zahlreichen Begegnungen auf Fachmessen war irgendwann ein Besuch bei ihm in Italien fällig. Ingvild und ich flogen deshalb nach Rimini, und von dort ging's per Zug nach Pesaro.

Noch am gleichen Nachmittag machten wir einen Rundgang durch die Altstadt und besichtigten das Rossini-Museum, da Pesaro seine Geburtsstadt ist. Wir waren begeistert.

Bei unserem einzigen Kurzbesuch am Strand kamen wir einmalig mit dem italienischen Massentourismus in Berührung. Wir hatten einfach nicht die nötige Zeit, und die Geschmäcker in Bezug auf Urlaubsfreuden sind wie überall woanders auch bekanntlich sehr verschieden.

Nach dem Frühstück holte uns Signore Bellerini ab und fuhr uns ins Gewerbegebiet eines Vorortes. Hier hatte sich dieser Magier - ein aus der Möbelbranche kommender Mittvierziger, Ingenieur und „bel homme", die Herkunft seines Startkapitals ist unbekannt - seine Betriebsstätte eingerichtet.

Auf etwa 300 Quadratmetern stand ein flacher Neubau, der lediglich aus einem Lager und einem Büro bestand. Die Produktion hatte er ausgelagert, und den dafür zuständigen Firmen musste der Perfektionist in Bezug auf Qualität schon sehr viel Dampf gemacht haben.

Weder im Büro noch im Lager war irgendwo auch nur ein Stäubchen zu sehen, geschweige denn lag etwas herum. Personal? Es war nirgendwo welches zu sehen. Aus Höflichkeit fragten wir nicht danach, vermutlich arbeiteten hier Teilzeitkräfte.

Nach den geschäftlichen Themen lud uns unser Gastgeber zum Mittagessen in ein Landgasthaus inmitten von Weinbergen ein. Aber noch am gleichen Abend waren wir wieder zu Hause.

Ingvild und ich hatten nach dem Besuch übereinstimmend auf „Homosexueller" getippt. In Bellerinis Refugien war eine geschmackliche Magie zu bemerken, die von riesigem Fleiß untermauert war und an die der großen Modezaren erinnerte.

Und doch war dies weit gefehlt, ein paar Jahre später erhielten wir aus Pesaro eine Heiratsanzeige. Der ewige Perfektionist hatte doch noch die Frau seiner Träume gefunden – die Auserwählte war eine Ukrainerin. Schon ein halbes Jahr später schilderte Signore Bellerini uns telefonisch seine Nöte mit seiner neuen Hausherrin. (Das hätte er allerdings schon 20 Jahre früher haben können, und seine Kinder wären inzwischen längst erwachsen!)

21. Wie Pariser Beine den ungarischen Zoll schachmatt setzten

Es war wenige Jahre nach dem Mauerfall. Eine regelmäßig bestellende, schwäbische Kundin war urplötzlich nach Budapest verzogen, ohne ihre Außenstände von mehr als 3.000 DM zu begleichen. Wir verstanden sehr wohl, dass sie als ehemals vertriebene Donauschwäbin ins Land ihrer Väter zurückwollte. Aber ihre Schulden bei unserer Firma konnten wir ihr nun mal nicht erlassen. Überraschend erklärte Frau Rudolph daraufhin, dass sie, wenn wir nach Budapest kämen, die noch offenen Rechnungen bezahlen würde, aber bitte nur in der Landeswährung Forint!

Gesagt, getan - wir legten den Reisetermin so, dass wir gleichzeitig die Messe Aquatherm in Ungarns Hauptstadt besuchen konnten. Diese stellte sich zwar wegen der viel zu niedrigen Preise sehr schnell als Flop für uns heraus, aber die Begegnung mit der immer noch jugendlichen, hochattraktiven Powerfrau (geschieden, mit erwachsenem Sohn und Tochter) war in mehr als nur einer Beziehung ein richtiger Eye-Opener.

Nicht nur die erste Bad-Boutique in Budapest wurde bereits ein voller Erfolg, für die der Sohn von Frau Rudolph als künftiger Nachfolger bereits bereitstand. Auch in Punkto Immobilienbesitz war ein durchschlagender Erfolg zu vermelden.

Damals durften in Ungarn nur Mieter Wohneigentum erwerben. Wenn jedoch ein Mieter als Strohmann mitspielte, konnten sogar Ausländer Traumwohnungen spottbillig kaufen.

In diesem Fall handelte es sich um eine Wohnung mit Blick auf die berühmte Oper! Im ungarischen Pendant von „Schöner Wohnen" bekamen wir eine Fotostrecke zu sehen, in der unsere langjährige Kundin sich mit der Aura einer Fürstin inmitten ihrer antiken Möbel präsentierte (aus Vorsicht erfuhren wir weder die exakte Adresse, noch bekamen wir die Wohnung je zu sehen).

Richtig vollkommen wurde ihr Glück jedoch erst durch die Liaison mit einem (noch verheirateten) Tenor der ungarischen Staatsoper. Aber bereits Puccini hat bekanntlich in seinen vielgespielten Opern gezeigt, dass Erdenglück vergänglich ist. Der Tenor starb nur wenige Jahre später, wie wir erfuhren.

Zurück zu unserer Reise: Ausgerüstet mit den Forint-Scheinen unserer Kundin ließen wir uns von ihr zu einem riesigen Trödelmarkt weit außerhalb Budapests fahren, dem größten, den Ingvild und ich jemals gesehen hatten. Dorthin schleppte Ungarns Bürgerschicht zu jener Zeit so ziemlich alles, was nicht niet- und nagelfest war, um es in der Morgenröte des anbrechenden

Kapitalismus zu versilbern. Die Augen gingen uns angesichts all dieser Pracht über.

Ingvild hatte sich sofort in mehrere, atemberaubend schöne Lampen verguckt, aber wie sie im Zug transportieren? Wir entschieden uns schließlich für zwei prachtvolle, sehr große und absolut museumsreife Gemälde, beide signiert. Das eine zeigte das schönste Stillleben, das wir je gesehen hatten. Das andere eine zauberhafte junge Bäuerin mit einer Kaffeemühle auf dem Schoß.

Beide Gemälde zusammen - in Papier mit Schnur verpackt - hatten zwar die enorme Größe von 1,15 m x 90 cm und waren höchst unhandlich und schwer zu tragen, aber in unserer damaligen Eroberer-Euphorie war uns das schlichtweg e g a l!

Am nächsten Morgen fanden wir im Budapester Hauptbahnhof auch gleich den reservierten Waggon nach Wien. Aber als wir in das vorgemerkte Abteil wollten, erlebten wir eine faustdicke Überraschung.

Es stellte sich heraus, dass wir einen Tag zu früh da waren! Aber das junge, französisch sprechende Paar auf den Fensterplätzen ermunterte uns, trotzdem zu bleiben.

Glücklicherweise ergriff das Ehepaar auf den mittleren Plätzen umgehend die Flucht, nachdem im Abteil nur noch temperamentvolles Französisch zu hören war. Wir richteten uns also auf dessen Plätzen ein und stellten das riesige, flache Paket hochkant auf den Gang zwischen uns.

Erst nachdem der Zug Fahrt aufgenommen hatte und die beiden Franzosen mit dem pittoresken Namen Pasdeloup (übersetzt „kein Wolf") das Thema Zoll angesprochen hatten, wurde Ingvild und mir klar, dass wir mit unseren beiden Schätzen geradewegs ins Verderben fuhren - die Zöllner würden uns vor der Grenze garantiert aus dem Zug holen!

Wir hatten das Thema „Ausfuhrgenehmigung für ungarisches Kulturgut" am Nachmittag zuvor nicht zu einem vernünftigen Abschluss bringen können und uns deshalb entschieden, alles auf eine Karte zu setzen, wie es so schön heißt.

„Nous aimons l'laventure!", eröffnete uns jetzt das temperamentvolle junge Ehepaar aus Paris, schlug vor, eine Sitzbank vorzuziehen und unseren Schatz darunter zu verstecken.

Jetzt kam uns ein zweiter Zufall zu Hilfe, denn Madame Pasdeloup trug an diesem Reisetag einen Minirock, schwarze Strümpfe und ebenfalls schwarze Stiefeletten. Sie räkelte sich so gekonnt auf der Sitzbank, dass jeder Neuankömmling zwangsläufig zuallererst ihre Beine begucken musste. Wir anderen drei saßen ihr brav gegenüber.

Jetzt konnte der ungarische Zoll ruhig kommen. Und eine Viertelstunde vor der österreichischen Grenze tat er es tatsächlich: Tür öffnen, auf die aufregenden Pariser Beine starren, kurz die Reisetaschen prüfen, ein letzter Blick auf die Beine und weg.

Das ganze Prozedere wiederholte sich tatsächlich DREI mal! Darauf, einmal unter die Sitzbank zu schauen, kam erstaunlicherweise keiner der Zöllner, so hypnotisiert waren sie von der Eleganz der Beine. Entsprechend groß war unser aller Jubel, nachdem die Kontrolleure an der Grenze ausgestiegen waren. Jetzt musste Sekt geholt werden!

Das Ehepaar Pasdeloup besuchte uns übrigens später in Berlin. Danach verloren wir uns aus den Augen. Geblieben ist unsere lebenslange Dankbarkeit für überaus clevere, herrlich spontane Teamplayer, die „das Abenteuer liebten."

22. Ins Venedig-Wochenende mit Italiens Elite

Von meinen zahlreichen Teilnahmen an der jährlichen CERSAIE Bologna-Messe in Italien ist mir eine besonders in Erinnerung geblieben. Es war in den späten Neunzigern, an Billig-Airlines und -flüge war noch nicht zu denken, und es war unmöglich, in oder in der Nähe von Bologna ein Hotel zu bekommen.

Unser damaliger Hauptlieferant im nahen Florenz brachte mich in einem dortigen Hotel unter. Für die täglichen Anfahrten nutzten wir einen Firmenwagen. Am letzten Tag, einem Freitag, nahm ich den Zug zurück nach Bologna.

Zugfahren war und ist seit jeher meine bevorzugte Art des Reisens, da ich mich weder fürs Autofahren über lange Strecken, noch die „Sardinen"-Existenz bei Flugreisen erwärmen kann. Wenn Ingvild mitkam, nahmen wir häufig einen der nächtlichen Autoreisezüge, der viele Vorteile kombinierte.

Italienische Züge habe eine extrem hohe erste Stufe beim Einstieg. Ich hatte diese Hürde bereits genommen und fand tatsächlich einen freien Einzelplatz im Großraumwagen. Kaum war der Zug angefahren, stand auch schon ein Schaffner vor mir. Zu meinem nicht geringen Erstaunen stellte sich heraus, dass der gesamte Zug nur die Erste Klasse führte, sodass ich einen gehörigen Mehrpreis berappen musste.

Jetzt hatte ich Gelegenheit, in Ruhe meine Umgebung in Augenschein zu nehmen. Allmählich dämmerte mir, dass ich in einen Zug geraten war, der einen nicht unerheblichen Teil Italiens geschäftlicher, künstlerischer und politischer Oberschicht aus Rom ins Wochenende nach Venedig beförderte.

Der Platz mir gegenüber blieb frei, so konnte ich ungestört in alle Richtungen schauen und meine Mitreisenden „studieren". Es wurde fleißig telefoniert, an Laptops gearbeitet oder Zeitung gelesen, und man unterhielt sich. Ein besonders gepflegter und gut gekleideter Mitreisender telefonierte gar mit Hollywood, wie ich seinem Gespräch unschwer entnehmen konnte.

Ich fühlte mich wie in der Untersuchung eines amerikanischen Soziologen über Flugreisende: Im Gegensatz zur Economy-Class arbeiteten fast alle Erste Klasse-Passagiere während Langstreckenflügen über den USA an geschäftlichen Akten.

Während der Schnellzug durch die verschiedenen Tunnel der Apenninen raste, machte ich mir Gedanken über die möglichen Wochenroutinen meiner so außergewöhnlichen, vielleicht beneidenswerten Mitreisenden. Wie viele von ihnen mögen eine Ehefrau in Venedig und eine Mätresse in Rom haben? Oder auch umgekehrt?

Wie sagte doch Heinrich Spoerl in seiner berühmten Komödie „Der Gasmann" über die Reisenden eines Erste Klasse-Schlafwagens:

„Wenn eine Frau unter ihnen ist, ist sie entweder eine Schönheit oder zumindest außergewöhnlich."

Wie alle Reisen, die bis an den Rand voll sind mit ungewöhnlichen Menschen und/oder Begebenheiten, endete diese Fahrt leider irgendwann, für mich am Hauptbahnhof von Bologna. Meine Mitreisenden eilten weiter, der vielleicht am meisten bewunderten Stadt der Welt entgegen.

23. Zauberhafte Reise-Flirts in Köln und Vancouver

Ich war auf der Rückreise von Brüssel, um meine 14-jährige Tochter am Flughafen Frankfurt abzuholen und mit ihr gemeinsam nach Oldenburg zu fahren.

Als ich im Gare Bruxelle-Midi das Sechserabteil im Expresszug nach Köln betrat, fand ich dort eine hinreißende amerikanische Studentin im Gespräch mit einem jungen Deutschen vor.

Nach wenigen Blicken und ein paar hingeworfenen Worten war klar, dass die junge Frau ein deutlich größeres Interesse am Gespräch mit dem kosmopolitischen Mittvierziger hatte, als mit dem milchgesichtigen Jüngling ihr gegenüber.

Mein Konkurrent war also schnell „ausgeschaltet". Wir unterhielten uns zwei himmlische Stunden lang über Gott und die Welt. Mein Herz und Kopf spekulierten schon: War es denkbar, der Abholvereinbarung mit meiner Tochter zu entwischen, um der Kalifornierin an jenem Abend Kölns Altstadt zu zeigen, zumal sie ohnehin in Köln übernachtete?

Natürlich nicht, und so stand auf dem Hauptbahnhof Köln die unvermeidliche Trennung an. Ich hatte mich bereits verabschiedet und stand wartend auf dem Gleis zur Weiterfahrt nach Frankfurt, als ich plötzlich eilige Schritte hinter mir hörte.

Ich drehte mich um, sah zu meiner größten Überraschung die auf mich zustürmende Studentin aus den USA. Es gab eine heftige Umarmung ... einen unvergesslichen Kuss..., und dann hatte mich - leider, leider! - mein Leben mit all seinen Verpflichtungen wieder.

Eine Episode am Flughafen Vancouver, viele Jahre später

Vor meinem Flug zu Verwandten in Victoria kam ich am Ticketschalter ins Gespräch mit einer wunderschönen holländischen Stewardess, die ca. 40 Jahre alt und, wie sich später herausstellte, mit einem kanadischen Ingenieur unausgeglichen verheiratet war.

Als ich erwähnte, dass ich an einem Buch mit dem Titel „Auf der Suche nach Europas Seele in Amerika" arbeite, war sie wie elektrisiert und lud mich zu einer Tasse Kaffee in einen Nebenraum ein. Genau dieses Manko in Nordamerika sei ihr Problem und auch das ihrer Single-Schwester. Sie könne mit ihrem Mann darüber nicht sprechen, denn der begreife dieses Problem einer Europäerin einfach nicht mal.

Auf dem Rückflug trafen wir uns erneut, und sie ermunterte mich, unbedingt am Buchvorhaben festzuhalten. Schließlich wollte ich meine Kamera aus dem Koffer holen und diesen so extrem weit weg wohnenden, „schon-jetzt-Fan" eines meiner Buchprojekte im Bild festhalten.

Als ich meinen Koffer öffnete, beugte sie sich blitzschnell vor und warf einen Blick in das geordnete(?) Chaos seines Innenlebens. Die Enttäuschung war ihr regelrecht an der Nasenspitze anzusehen: „Auch DIESER, anfänglich als wirklich feinfühlig eingeschätzter Mensch … ist leider doch nur ein ganz normaler Mann!"

24. Faszination der Stradivari-Stadt

Im Juni 2001 war es dringlich geworden, sechs vorhandene bzw. mögliche Lieferwerke in Norditalien gemeinsam mit Ingvild zu besuchen. Wie immer bevorzugten wir die Kombination Flugzeug/Eisenbahn, um auch ein wenig Land und Leute kennenzulernen.

Faszinierend die Myriaden kleiner Läden in Mailand, der beeindruckende, von Mussolini erbaute Hauptbahnhof. Die hünenhafte Gestalt des Verkaufsleiters unseres wichtigsten Lieferanten winkte schon von weitem. Ein fester Händedruck, Küsschen für Ingvild, und los ging's.
Und zwar mit irrem Tempo!

Cristiano ist ein Anhänger der rechtspopulistische Lega-Nord in Norditalien, die diesen Teil des Landes von Italien trennen will. Die Norditaliener, eine Mixtur aus Nordrömern und germanischen Langobarden, habe ich seit jeher bewundert. Sie sind tüchtig, führen alle wirtschaftlichen Statistiken an und finanzieren praktisch den gesamten Mezzogiorno, auch Sud oder Bassa Italia genannt - Sizilien.

Heute ist weitgehend unbekannt: Erst seit die Subventionen begannen, weitete sich der wirtschaftliche Abstand zwischen Norden und Süden richtig aus. Übrigens waren fünf der sechs besuchten Firmen Familien-Unternehmer:

- Ein Vater (72) mit zwei Töchtern
- Eigentümer mit Schwager
- Die Söhne zweier Partner im Ruhestand
- Zwei Partner
- Ein Vater (64) und zwei Söhne

Wir übernachteten in Cremona, nur wenige Meter entfernt von einem der schönsten Marktplätze Italiens. Kurz vor Mitternacht umrundeten wir ihn ein letztes Mal: Es war alles angestrahlt, zwei Cafés waren noch auf. Aus dieser Stadt stammt nicht nur die Amati-Geigen, hier hat auch Stradivari, der selbst Lehrling bei Amati war, seine Jahrtausend-Instrumente erschaffen. Am nächsten Morgen war das Stradivari-Museum ein Muss, bevor es weiterging.

Den 72-jährigen Grandseigneur, Signore Giuliani, den wir als nächsten trafen, plagten echte Nachfolge-Sorgen. Sein einziger Sohn war vor der Verantwortung nach Portugal geflohen. Die fähigere seiner beiden Töchter hatte einen charmanten Englisch-Professor aus Irland geheiratet, der uns sagte: „Ich habe die Tochter, nicht das Unternehmen geheiratet!"

Wir staunten ohnehin, wie dieser zurückhaltende, vornehme Grandseigneur eine so große Firma aufbauen konnte. Noch im Vorjahr hatte er eine neue Halle bezogen. Nach dem langen Gedankenaustausch mit Ingvild beim Abendessen schenkte er meiner Frau zur Erinnerung das Kunstbuch: „L'Arte Italiana." Um so bedauerlicher, dass wir einige Jahre später vom Konkurs der Firma hörten.

Bei einem Bummel durch Florenz am übernächsten Tag sahen wir den Medici-Palast. Die vergitterten Fenster im Parterre und der große, völlig freie Platz davor veranschaulichen besser als jeder Historiker, wie im Mittelalter sogar mächtige Familien innerhalb einer großen Stadt auf kriegerische Auseinandersetzungen untereinander vorbereitet waren.

Bei der Weiterfahrt am nächsten Tag saßen in unserem Abteil zwei junge Touristinnen aus Montreal auf den Fensterplätzen. In der Mitte hatte ein eleganter, etwa 40-jähriger Italiener mit Zweireiher und Schal im offenen Hemd Platz genommen. Es war für mich faszinierend zu beobachten, wie dieser südländische Macho, mir schräg gegenüber sitzend und scheinbar des Englischen nicht mächtig, alle acht bis zehn Minuten, und dies aus völlig unmöglichem Blickwinkel, die wirklich frappierenden, weiblichen Körperformen direkt neben sich taxierte.

Im Hotel in Brescia erinnerte sich der Hotelier zu meiner Verblüffung tatsächlich an unsere Gespräche vor fünf Jahren. Leider holte „meine bessere Hälfte" mein höchst angenehm berührtes Ego sogleich wieder auf den Boden zurück:

„Hast du schon mal daran gedacht, dass der nur Theater spielt?
Der Mann hatte seither mehrere Tausend Gäste!"

25. Warum „Zocca" zum geflügelten Wort bei uns wurde

Vor ein paar Jahren besuchten meine Frau und ich Anfang Oktober eine große Messe in Bologna. Vor der Reise ein Zimmer in einem Hotel zu buchen, hatte sich leider als unmöglich herausgestellt.

Und so standen wir denn gegen 19 Uhr, zusammen in einem Pulk weiterer „überzähliger" Messebesucher ziemlich verzweifelt am Hauptbahnhof von Bologna. Aber pragmatisch wie Italiener eben sind, hatten die Tourismus-Manager der Stadt längst Busse organisiert, um den Pulk samt uns ins nahe Appenin-Gebirge zu verfrachten.

Während sich der vollbesetzte Bus langsam die Serpentinen hochwand, wurde uns der Ausblick in die Berge durch entsetzliche amerikanische

„C"-Filme, die auf den Monitoren vor jedem einzelnen Sitz mit maximal laut gestellten Lautsprechern liefen, leider vermiest.

Nach einem Weilchen ergebener Duldung ging ich nach vorn und fragte den Fahrer auf Englisch, ob sich dieser Schwachsinn nicht - bitte sehr - abschalten ließe? Die Englischkenntnisse des Fahrers reichten gerade so aus, um meine Bitte abzuschmettern:

„Sorry, die anderen Passagiere wünschen das aber!"

„Mitgefangen, mitgehangen" sagt ein Sprichwort, also galt es, durchzuhalten! Nach der Ankunft in einer riesigen Bettenburg nahe einem Ort namens Zocca verstauten wir unser Gepäck und begaben uns in den Speisesaal. Dort erklärte Ingvild:

„Diese Massenabfertigung kommt für mich nicht infrage! Wir werden sicher im Ort etwas Passenderes finden."

Gesagt getan, wir machten uns auf den Weg in die nahe Kleinstadt. Der Stress des langen Messetages und der Reise forderten ihre Rechte ein, ich bekam gewaltigen Hunger und drang darauf, in die erstbeste Pizzeria zu gehen.

„Nichts da, es wird weitergesucht, so groß ist der Ort nicht!"

Fluchend schleppte sich Mr. Ungeduld hinter der noch erstaunlich agilen, ewig neugierigen „Daniela Boone" her, wobei sich der Abstand zwischen uns ständig vergrößerte. Fast hatten wir das Ende des Mini-Städtchens erreicht. Ich blieb schon stehen, um umzukehren, da hörte ich vor mir einen Ausruf des Triumphes.

Eine kleine Trattoria versteckte sich in der Tat hier am Rande des Ortes. Diese kleine, verwinkelte und hochromantische Weinstube mit gedämpfter Beleuchtung führte ein sehr zuvorkommendes Ehepaar.

Wir ließen uns erleichtert nieder und stellten fest, dass wir im schrägen Winkel zu einem anderen Gästepaar saßen, das nur auf uns gewartet zu haben schien. Ingvild versuchte sich schon seit Jahren am Italienischen, unser Nachbar, ein älterer, distinguierter Rechtsanwalt aus Bologna, hatte ein Jahr in Deutschland studiert. Innerhalb von Minuten fanden sich beide in einem regelrechten Flirt wieder, den seine Sekretärin und ich amüsiert beobachteten. Schlussendlich tauschten wir Visitenkarten aus und luden uns gegenseitig zu Besuchen ein. Das Gastgeberpaar schenkte uns sogar noch eine Flasche Rotwein.

Dieses Abendessen in der Trattoria hatte uns eine zweite Busfahrt nach Zocca erträglich gemacht. Lässt sich die Bedeutung von Ausdauer überzeugender beweisen? Fällt seither das Wort „Zocca" bei uns, weiß die oder der Andere, dass etwas mehr Geduld gefragt ist!

26. Der ugandische Importeur in Valencia, der Moise Tschombé ähnelte

Meine einzige Geschäftsreise nach Spanien, die nicht Barcelona zum Ziel hatte, führte mich nach Valencia, in die Metropole des spanischen Südens. In jedem Februar findet dort die Cevisama statt, eine Internationale Fachmesse für keramische Fliesen, Oberflächenbeschichtungen und Bad- und Küchenausstattungen.

Auf dem Kurzflug nach Zürich saß war mein Sitzplatznachbar ein Drogenwissenschaftler (Cannabis), der mehrmals im Jahr nach Zürich reiste. Er hielt die Schweizer für sehr flexibel - aber ein EU-Beitritt der Schweiz? Niemals!
Wunderbar und schön war der sich anschließende Flug entlang Spaniens Ostküste! Wer wie ich aus einem Land mit wenig eigener Küste kommt, kann da schon neidisch werden. Die Millionenstadt Valencia wirkt aus der Luft riesengroß und hat zudem viele Wohnsilos und -blöcke am Stadtrand. Eine junge türkische Geschäftsfrau lud mich, um in die Stadt zu kommen, zu einer gemeinsamen Taxifahrt ein und übernahm tatsächlich den gesamten Preis. Wir führten ein gutes Gespräch.

Als ich die Messe um 15 Uhr wieder verließ, fragte ich überall herum, wie ich am besten zum Hauptbahnhof komme? Das Info-Personal gab leider nur unpräzise und sogar falsche Auskünfte. Aber schließlich half mir eine sympathische, rundliche Russin aus Sewastopol auf der Krim.

Wir konnten uns sprachlich überhaupt nicht verständigen, lösten aber dennoch gemeinsam das Puzzle der Anschlüsse. Sie schenkte mir zum Abschied einen Plan der U-Bahn, ich ihr eine Tafel Schokolade. Sie wollte partout n i c h t als Spanierin bezeichnet werden, weil sie diese für schwierig bis unangenehm hielt. Eben eine echte Russin.

Erneut im Vorortzug hatte ich kurz danach ein tolles Gespräch mit einem Geschäftsmann aus Uganda, der Inhaber einer Importfirma für Werkzeuge war. Er erinnerte mich stark an Moïse Tschombé, den skandalumwitterten Regierungschef von Katanga, einer Provinz im Kongo. Er beklagte die Korruption und Hoffnungslosigkeit in Afrika und war auf dem Weg zu einer Eisenwarenmesse in Köln. Er schätzte die Superqualität deutscher Werkzeuge sehr. Vergleichbare Artikel aus China bzw. Taiwan würden ihm immer schon nach wenigen Tagen wieder zurückgebracht, erzählte er.

Männern geht es in Spanien gut. Fast immer können sie sich sinnlichen Begutachtungen der holden Weiblichkeit hingeben. Der im restlichen Europa weitverbreitete Schlankheitswahn schien hier nicht angekommen zu sein. Die eleganteste Spanierin, die ich bewundern durfte, war etwa 45 und nah an der Grenze zur Üppigkeit. Ihr hauteng geschneiderter Hosenanzug würde bei uns wohl sehr provozierend wirken.

Mit weltläufig erscheinenden Spaniern war - im Gegensatz zu Italienern - leider kein Gespräch möglich, da sie keine Fremdsprachen können. Die hauptsächlichen Gründe dafür sind vermutlich die Abschottung Spaniens in der Franco-Zeit und die dort stark verspätet einsetzende Industrialisierung.

Vorortzüge sind genial. Am nächsten Tag fragte ich wieder in einem solchen einen leger wirkenden Mann nach dem gewünschten Vorort. Er antwortete zu meiner Erleichterung auf Englisch, die sich in Überraschung wandelte, als sich herausstellte, dass der gutgenährte, vermeintliche „Spanier" im Pepita-Jackett in Wirklichkeit ein Fliesen-Importeur aus Afghanistan war!

Der Sanitärbereich in dieser Fliesenmesse war recht überschaubar. Daher besuchte ich ab dem zweiten Tag lieber große Badgeschäfte, um den dortigen Wettbewerb etwas zu studieren. Leider waren auch hier die völlig fehlenden Fremdsprachenkenntnisse ein kaum zu überwindendes Hindernis. Ein typisches Gespräch lief etwa folgendermaßen ab:

„Do you speak English?"
„E s p a g n o l !"
„Parlez-vous Francais?"
„E s p a g n o l !"

Das zweite „Espagnol" wurde mir schon immer derart zornig und lautstark entgegengeschmettert, dass ich schon aus reinem Selbstschutz reflexartig darauf verzichtete, auch nach Deutsch-Kenntnissen zu fragen. Ich fürchtete mich einfach vor den Fäusten der Herren.

Ähnliches ist mir auf meinen Hunderten Auslandsreisen noch nie passiert! Kommt dieser krasse Chauvinismus vom ehemaligen Weltreich oder von der Abschottung der Franco-Zeit? Tourismus und EU-Zugehörigkeit dürften dieses Verhalten allmählich ändern.

Das Keramik-Museum in Valencia befindet sich übrigens in einem wunderschönen ehemaligen Adels-Palais. Auch das „Museo de Bellas Artes de Valencia" ist sehr beeindruckend und beherbergte viel mehr Gemälde als gedacht.

Ich selbst habe einen neuen persönlichen Rekord aufgestellt und 13 eng beschriebene Postkarten verschickt, da es diesmal viel zu berichten gab.

Hotels in Valencia schienen keine Heizung zu haben. Dank meiner italienischen Reiseerfahrungen hatte ich mich kleidungsmäßig auf kalte Februar-Nächte vorbereitet. Passend dazu fielen mir beim Abflug am Flughafen zwei riesige Warteschlangen auf. Ich wurde neugierig, weil Valencia auf dem gleichen Breitengrad wie Mallorca liegt. Wohin fliegt wohl der Spanier zur Winterzeit?

B e i d e Flüge hatten die Kanaren als Ziel!

27. Herzogstadt Ferrara - gefährliches Leben im Mittelalter

Der Anlass für die Reise nach Ferrara war die Suche nach zwei neuen Vertretern und nach zusätzlichen Lieferwerken. Ich wollte dabei als Dolmetscher helfen und daneben eigene Markt-Rercherchen betreiben.

Infolge der astronomischen Übernachtungspreise zu Messezeiten in Bologna hatte ich die mir seit Jahren vertraute, alte Herzogstadt zur Übernachtung vorgeschlagen. Wir kamen an einem Sonntag an und waren unterwegs in die Stadt überrascht, dass der Parkplatz eines Baumarktes sogar an diesem Tag rappelvoll war. Weicht unsere Religion vor der unablässig fortschreitenden Säkularisierung sogar im Kernland des Katholizismus zurück? Bei uns sind Baumärkte sonntags noch immer geschlossen.

Ferrara war in der Renaissance eine der führenden Städte Norditaliens, dominiert von der herzoglichen Familie der Este. Deren festungsähnliches Schloss im Stadtzentrum hat enorme Ausmaße.

Nicht weniger beeindruckend ist die Kathedrale gleich nebenan. Sie hat zwei Seitenschiffe und gleich 14 (!)Betstühle. Ein veritables Regiment der Furcht, das die Kirche im Mittelalter pflegte.

Mit unserem Hotel „Corte Estense" waren wir hochzufrieden. Frühstücksraum, Treppenaufgang und Innenhof könnte es genauso in Venedig geben. Die Bäder waren gediegen, die Zimmer dagegen bescheiden. Warum Nordeuropa nicht endlich die Bidet-Kultur des mediterranen Südens übernimmt, wird mir auf ewig ein Rätsel bleiben.

Die Geselligkeit der Südländer erlebten wir übrigens noch am selben Sonntagabend – und zwar die „volle Ladung". Die Altstadt war regelrecht schwarz von Menschen, alles was Beine hatte, schien unterwegs zu sein.

Die Herzogsfamilie der Este rivalisierte im Mittelalter mit den Medici in Florenz, besiegte in einem Krieg sogar Venedig. Lucrezia Borgia wurde hier Herzogin, ebenso eine Kaisertochter, die etwas später.

Nachdem die Bürger in einer Revolte die Auslieferung des Finanzministers erzwangen und diesen prompt grausam lynchten, bauten die Estes ihr Schloss zur uneinnehmbaren Festung mit Wassergraben ringsherum aus.

Im Übrigen wurden zwei aufsässige Herzogs-Brüder jahrelang im Schloss gefangen gehalten, und die 20-jährige Herzogin, die sich in den gleichaltrigen Stiefsohn verliebt hatte, mit diesem gemeinsam enthauptet.

Die Messe selbst war wiedermal ein Spiegel des grausamen Spiels „Survival of the fittest". Mehr als ein Dutzend altbekannter Namen aus der italienischen Sanitärindustrie waren verschwunden.

Das Auffallendste? Die unbeschreibliche Eleganz der italienischen Männer! Egal, ob lässig oder gestylt - alles, einfach alles stimmte, und zwar immer! Wenn ich Frau wäre, würde ich es nicht riskieren, zu einer solchen Messe zu reisen, auch nicht mit einer Freundin. Auch unser Online-Shop-Partner aus Paris musste die Überlegenheit der Italiener neidlos anerkennen.

Soweit mein Italien-Bericht von 2015.

28. Der Weihnachtsabend im Taxi in Taipeh

Unsere Geschäfte mit Italien-Importen liefen immer schleppender, dieses Land schien den Anschluss an die Globalisierung zu verlieren. Es wirkte wie vom Euro stranguliert. Was lag also näher, als Taiwan als neue Bezugsquelle auch für unsere Designer-Handwaschbecken zu erkunden, zumal wir mit dort hergestellten Kosmetikspiegeln bereits gut im Geschäft waren?

Die einzige, uns halbwegs geeignet erscheinende Fachmesse lag ausgerechnet in der Weihnachtswoche, für uns Christen mehr als ungewohnt! Aber in der Not frisst der Teufel Fliegen, ich ließ einen Flug kurz vor Weihnachten für mich buchen.

Der Flug von London nach Hongkong erwies sich als regelrechte Offenbarung für den Geschichtsfan: Der große Jet war vollbesetzt mit chinesischen Schülern und Schülerinnen, die aus ihren englischen Privatschulen nach Hause zu den Eltern reisten.

Noch nie in meinem Leben war ich derart massiv mit einer der wichtigsten Säulen englischer Herrschaftskunst konfrontiert worden, die ihr Empire - dieses Wunder der Weltgeschichte - über die Jahrhunderte zusammenhielt: die Ausbildung der Oberschicht der Kolonialvölker an englischen Privatschulen und Universitäten.

Allerdings ergab sich erst beim Weiterflug nach Taipeh ein interessantes Gespräch - eine taiwanesische Mutter war ihrer Tochter nach Hongkong entgegengereist.

Die Messe wurde für mich leider zum vollständigen Flop. Ganz offensichtlich führte kein Weg an den Fachmessen auf dem chinesischen Festland vorbei. Aber dieses war für mich zu diesem Zeitpunkt noch ein Buch mit sieben Siegeln.

Ich machte das Beste aus der Situation, indem ich unangekündigt unseren Lieferanten für Kosmetikspiegel besuchte. Er empfing mich mit offenen Armen. Ich bestaunte nicht nur die unglaubliche Armada von Mopeds mit Atemschutzmasken ihrer Fahrer auf den Straßen! Danach wollte ich unbedingt noch in den größten Buchladen von Taipeh, um zu schauen, was es dort an englischsprachigen Büchern gibt.

Der Boyfriend der Unternehmertochter durfte mich im Straßenkreuzer des Schwiegervaters in spe chauffieren. Die Lässigkeit, mit der dieser verwöhnte Bursche im Fahrersitz mehr lag als saß und das Steuerrad mit zwei Fingern bediente, ließen mich für die Firma nichts Gutes für die nächste Generation ahnen.

Egal, für den Weihnachtsabend wollte ich zumindest eine Flasche Rotwein in meinem Hotelzimmer trinken, was mir auch gelang. Unvergesslich bleibt, dass mich der Taxifahrer aus Respekt vor dem zweithöchsten Feiertag unserer Religion kostenlos fuhr.

29. Ein italienischer Bahnhof wie in einem Western

Diese brüllende Hitze und die Kargheit der Landschaft hätten gut in jeden Italowestern gepasst. Gesteigert wurde dieses Gefühl durch einen winzigen Bahnhof, der mitten im Niemandsland lag.

Das Ganze hatte aber durchaus seine Richtigkeit, der Verkaufsleiter unseres italienischen Lieferwerkes wollte uns erst am nächsten Morgen im Hotel von Asola abholen.

Außer Ingvild und mir waren drei weitere Männer ausgestiegen, die schnurstracks zu ihren geparkten Autos marschierten. Während ich in der beginnenden Dämmerung noch nach einem Taxi bzw. einer Telefonzelle Ausschau hielt, hatte mein „Schnellspanner" längst den Ernst der Lage begriffen.

Ohne ein Wort rannte Ingvild, wie von einer Tarantel gestochen, hinter dem letzten der drei abfahrenden Autos her, und brachte es tatsächlich zum Stehen. Ob der Fahrer wohl die Freundlichkeit hätte, uns deutsches Geschäftsehepaar in die Stadt mitzunehmen? Wir hatten Riesenglück, denn er nahm uns tatsächlich mit!

Wie jedes Mal bei unseren Italien-Reisen, begeisterte uns sofort die historische Altstadt, als wir sie durchfuhren. Für mich war klar, dass wir zum Abendessen den halben Kilometer vom Stadtrand-Hotel zurück ins Zentrum zu Fuß gehen würden.

Ingvild war davon weniger überzeugt, weil es im Moment unserer Ankunft im Hotel schlagartig begann, sehr windig zu werden. Ich ließ mich deshalb überreden, erstmal die Entwicklung im übrigens völlig leeren Speisesaal abzuwarten.

Da es draußen immer stürmischer wurde, schlossen wir alle angekippten Fenster. Keine Minute zu früh, denn mein erster Orkan in der Po-Ebene wehte bereits so heftig, dass er Tische und Stühle auf der Außenterrasse durch die Luft wirbelte.

Das Fazit dieses Reisebeginns? Ich mag ein noch so passabler Geschäftsmann sein, aber ohne meine bessere Hälfte wäre ich schon am ersten Abend dieser Reise ganz schön in die Patsche geraten...

30.   Der verkappte Slum-Lord in Stockholm

Im Januar 2006 waren Ingvild und ich für fünf Tage nach Stockholm geflogen, um in der Stadt mit der weltweit höchsten Porsche-Dichte sozusagen „mit der Brechstange" endlich mehr Direktkunden für Benesan zu gewinnen.

Appetit gemacht hatte uns unser einziger Direktkunde mit dem poetischen Namen „Röraffären", der bei jedem Besuch – und nur dann – für sage und schreibe 2.000 € Ware bestellte. Wir hatten zahlreiche Badgeschäfte in den Gelben Seiten ermittelt und wollten diese mit der U-Bahn abklappern.

Angesichts der astronomischen Hotelpreise - locker das Dreifache von Berlin (!) - hatten wir nach langer Suche im Internet ein preislich akzeptables Apartment ermittelt.

Nahe der U-Bahnstation „Slussen", der nächsten südlich der auf einer Insel befindlichen, berühmten Altstadt Gamla Stan, und dann nur wenige Häuser einen Hang hinauf, hatte diese Adresse den von uns so geschätzten Vorzug ultrakurzer Wege.

Um zur Wohnung zu gelangen, musste man einen kleinen Innenhof durchschreiten, und dann ging's eine breite steinerne Wendeltreppe in den zweiten Stock hinauf. Bei einer Nachbarin erhielten wir den Schlüssel, beim Öffnen erwartete uns eine faustdicke Überraschung.

Das sogenannte „Apartment" stellte sich als völlig veraltete Wohnung heraus. Renovierung? Hat sie nie erfahren! Man staune:

- Das Bad stammte vermutlich aus der Zeit des ersten Weltkrieges.
- Aus Platzmangel im Bad musste man Spiegel und Waschbecken um 90 Grad drehen, um darunter das WC frei zu bekommen.

- Die elektrischen Leitungen verliefen sichtbar auf der Wand.
- Die Beleuchtung hatte den Charme einer Bahnhofshalle.
- Die Wäsche zum Beziehen war mit Kaugummi zusammengehalten.
- Die abenteuerliche Küche war erst nach Umstellungen benutzbar.
- Rasieren musste ich mich über der Küchenspüle.

Die erste Reaktion war „Nichts wie weg!". Aber dann siegten unser Faible fürs Abenteuer, der Gedanke an die Stockholmer Hotelpreise und die bereits eingegangene Verpflichtung. Außerdem hatten wir bei unserem strammen Programm null Zeit für Hotel-Recherchen. Also blieben wir und machten das Beste daraus, zumal sich direkt in der nahen U-Bahn-Station ein Supermarkt befand.

Wir ahnten es bereits, noch bizarrer als die Wohnung selbst, war deren Besitzer. Ein schlanker, etwa 50-jähriger, blonder Mann in abgerissenem Schafspelz (!) kam jeden Morgen während unseres Frühstücks, um die Tagesmiete in bar zu kassieren. Er muss fürchterliche Angst gehabt haben, an Mietpreller zu geraten.

Dieser immer noch jugendlich wirkende „Wikinger" begann, uns mit seinen regelmäßigen Auftritten zu faszinieren. Wir ewig Neugierigen verloren deshalb kein Sterbenswörtchen über den abenteuerlichen Zustand seiner Wohnung, sondern waren vielmehr bemüht, den Blonden in Gespräche zu verwickeln.

Unglaublicherweise stellte er sich schon beim zweiten Frühstück – man glaubt es kaum (!) – als ein vom Sänger an der Staatsoper zum Immobilien-Tycoon mutierter Geizkragen heraus. Je weiter die Woche voranschritt, desto gesprächiger wurde er bei seinen Kurzauftritten.

Anscheinend hatte er das Geschäftsehepaar aus dem fernen Berlin als irgendwie ebenbürtig akzeptiert, und erzählte schließlich, dass er auch ein

Jugendstil-Hotel auf der historischen Altstadt-Insel Gamla Stan besäße – Stockholm sei ursprünglich eine uneinnehmbare Seefestung gewesen.

Verführt von unserem gebannten Zuhören und unablässigem Nachfragen platzte es beim allerletzten Frühstück aus ihm heraus, der Opern-Tenor geriet in eine Art euphorischen Rauschzustand und schrie förmlich:

„I AM RICH!"

Ingvild und ich fielen angesichts dieses Ausbruchs förmlich von unseren Stühlen. Weder in Europa noch Nordamerika hatten wir jemals zuvor diese drei magischen Worte von einem lebenden Menschen gehört. Eine solche Offenheit ist in der westlichen Welt nicht einmal im Suff denkbar, weil den Offenbarer danach der Neid der Mitmenschen bis ans Lebensende verfolgen würde.

Und auch unserem schwedischen Gesprächspartner war dieser gewaltige Ausrutscher nur gegenüber uns Fremden passiert, denen er nie wieder begegnen würde, nicht bei Freunden oder Bekannten.

Wahrscheinlich hatte der Sänger – ähnlich wie mein kanadischer Freund Bill, der mit 18 Jahren Berufsfotograf war und heute Multimillionär ist – jeden verfügbaren Euro in den Erwerb von Immobilien gesteckt. Bill hatte zudem vor seinem 40. Lebensjahr niemals Urlaub gemacht. Zielstrebigkeit in Reinkultur!

Bill meinte übrigens zu dieser Story, dass die heutigen „Slumlords" meist Ausbeuter von Asylanten oder ausländischen Schwarzarbeitern seien, diese auspressend und auf deren Schweiß ihre schäbigen kleinen Reiche errichten.

Ergo hat sich das Hinnehmen der Wohnungsnachteile wieder einmal gelohnt!

31. Hotel-Dramen im spanischen Sitges

Drei Jahre vor dem Platzen von Spaniens Immobilienblase 2007 kamen wir zur Messe nach Barcelona. Sitges ist ein malerischer Badeort nur eine halbe Zugstunde weiter südlich, dort buchten wir ein Zimmer.

Mit Barcelona hatten wir auf Geschäftsreisen keine guten Erfahrungen gemacht, wurden zudem regelmäßig beklaut. Tut mir leid, liebe Spanien-Fans, habt Ihr ein besseres Wort dafür? In 30 Jahren regelmäßiger Geschäftsreisen nach Norditalien ist mir das nie passiert!

Sitges stellte sich tatsächlich als „Perle des Mittelmeeres" heraus, hier gab es eine zauberhafte, winklige Altstadt, schneeweiße Häuser, null Bettenburgen und eine breite Strandpromenade mit zwei Museen berühmter Künstler, die dort gelebt hatten. Wir besuchten sie beide. Unter den Touristen dominierten Engländer.

Leider gab es mit den Hotels nichts als Probleme. Im ersten Hotel wollte man nichts von einer Reservierung gewusst haben, sodass wir verärgert bei beginnender Dunkelheit auf die Suche gehen mussten. Im Ersatzhotel gab's im Bad zu viele Probleme, um sie hier auflisten zu wollen. Das krasseste war die Lampe, die im Dunkeln einfach herunterfiel.

Der Ort selbst hatte Maklerbüros fast an jeder Ecke, jedoch keine Wohnungen zum Mieten, sondern ausschließlich Eigentumswohnungen, die, wie aus den USA bekannt, ständig mit Gewinn weiterverkauft wurden.
Wir staunten angesichts dieses endlosen Booms nur noch.

In der Nacht konnten wir wegen entfernter, aber lauter Musik nicht einschlafen, die Fenster waren einfach ungenügend isoliert. Trotz Übermüdung nach dem langen Messetag kleideten wir uns gegen 23 Uhr an, um zu sehen, woher die Musik kommt.

Nur eine Straße weiter stießen wir auf einem Platz auf eine große Menschenmenge, in deren innerem Kreis eine Gruppe von etwa zwei Dutzend Spaniern ein Mittelding zwischen Volks- und Stepptanz vollführte. Ingvild wollte schon mitzumachen, als die Musik schlagartig aufhörte, und sich die Menschenmenge auflöste. Hocherfreut, das noch erlebt zu haben, gingen auch wir.

Infolge eines schlimmen Ischias konnten wir nicht wie geplant abreisen. Auf dem Bahnhof stürzte ich wie vom Blitz getroffen zu Boden. Hilfsbereite Spanier eilten herbei, während sich meine „coole Ehefrau" hinter einer Säule versteckte, um ihren Lachanfall zu verbergen.

Als nunmehr drittes Hotel für diesen Aufenthalt fanden wir eine ehemalige Villa mit zauberhaftem Garten fürs Frühstück. Der Hotelier ließ sich nach einigem Zureden erweichen, uns ein Zimmer zu geben. Die schöne Villa war leider so billig in Hotelzimmer unterteilt worden, dass wir in dieser Nacht erstmals im Leben gezwungenermaßen Ohrenzeugen der heißen Liebesnacht eines englischen Gästepaares wurden.

Das Frühstück im zauberhaften Garten des Hotels entschädigte einigermaßen für die Misslichkeiten dieses Aufenthaltes. Die antiken weißen Metallstühle und -tische trafen ganz unseren Geschmack. Ob wir je wiederkommen? Eher nicht, die Enttäuschungen mit den Hotels waren zu groß.

32. Wilder Westen auf Chinas Autobahnen

Es war wenige Jahre nach der Jahrtausendwende. Unsere Importe aus Italien konnten immer weniger dem Konkurrenzdruck standhalten, denn die Gewinnmarge näherte sich rapide dem Nullpunkt.

Alle Versuche, geeignete neue Lieferwerke in China zu finden, waren bisher gescheitert. Da entdeckte ich eine Kleinanzeige in einem obskuren Blatt der Außenhandelskammer von Hongkong und bekam auf meine Anfrage tatsächlich Antwort.

Ich schlug dem Handelshaus in Taiwan vor, einen auf dem europäischen Markt in Stahlblech vorhandenen, kleinen Waschtisch umzubauen und für uns in Glas und Edelstahl zu entwickeln.

Der Inhaber dieses Handelshauses hieß Jimmy Chen, und er schickte mir daraufhin derart perfekte Konstruktionszeichnungen, dass es mir die Sprache verschlug.

Ein Treffen wurde dringend notwendig. Mr. Chen schlug vor, dass wir uns in einem seiner Partnerwerke auf dem chinesischen Festland treffen.

Da Jimmy Chen als einziger Übersee-Geschäftspartner auch künftig beim Siezen bleiben sollte (Den einen Versuch, ihn mit „Jimmy" anzureden, schmetterte er umgehend ab!), und Ingvild von seinen knappen Mails sehr angetan war („Warum kannst Du Dich nicht auch so kurzfassen wie Mr. Chen?"), erwartete ich, einem Mann mindestens in den Fünfzigern zu begegnen.

Als ich jedoch, von Hongkong kommend, meine erste Fahrt in einem Hoovercraft absolviert hatte - diese Schnellboote von der Dimension einer kleinen Fähre tanzen regelrecht auf den Wellen! - und ich in der hüttenähnlichen Grenzstation am Perlfluss Delta die Zollformalitäten erledigt hatte, trat ein adretter junger Chinese auf mich zu, den ich zuerst für den Chauffeur hielt. Sein „Hi, my name is Jimmy Chen!" hob mich schier aus den Schuhen und ist mir für immer ins Gedächtnis eingraviert. Damals ahnte ich noch nicht, dass dieser überaus fähige junge Mann fast im Alleingang meine Firma vor dem Untergang retten würde. Das von ihm perfektionierte und fast ohne Qualitätsmängel gelieferte Design wuchs sich umgehend zu einem großen Markterfolg aus.

In seinem panzerähnlichen SUV begann das eigentliche Drama dieser Reise. Es zeigte sich, dass auf chinesischen Autobahnen eine weitgehende Gesetzlosigkeit herrschte, die mich sofort an Westernfilme erinnerte.

Überholt wurde sowohl von rechts als auch von links, die LKWs beschränkten sich mitnichten auf die vorgeschriebene rechte Spur, und Zufahrten gab es - man höre und staune - sogar von links, und zwar im rechten Winkel und ohne Ampeln!

Dieser Wirrwarr zog gleich mehrere Vollbremsungen nach sich, bei denen mir Hören und Sehen verging. Ich war höchst erleichtert, als wir uns endlich auf den Parkplatz der Glasfabrik gerettet hatten.

Das mittelgroße Werk war bescheiden eingerichtet, und es herrschte ein Grad an Schmuddeligkeit, der in Deutschland unvorstellbar wäre. Umso erstaunlicher war später die Qualität der uns gelieferten Bauteile.

33. Claude Chabrol filmt die berühmte Pariser „Heure Bleue"

Der Tag war anstrengend gewesen. Wie immer bei unseren Besuchen der Pariser Sanitärmesse „Idéobain" alle zwei Jahre hatten Ingvild und ich den ersten Tag auf der Messe wegen des Frühfluges vorzeitig beendet.

Schon um 17 Uhr saßen wir in einem historischen Café der berühmten Rue Saint Honoré und waren dabei, uns zu entspannen.

Das gut besuchte Café befand sich in einem Eckgebäude. In den Gesprächspausen studierte Ingvild Einrichtung und Gäste, während ich die Vorgänge auf der relativ ruhigen Nebenstraße in Augenschein nahm.

Besonders der stämmige Chauffeur im schwarzen Anzug hatte es mir angetan. Er ging unablässig neben der gewaltigen Limousine auf und ab, die er direkt vor dem luxuriösen Apartmentgebäude gegenüber geparkt hatte.

Aber da rein gar nichts passierte, wurde mir das Hinschauen auf Dauer langweilig, und ich konzentrierte mich wieder aufs Innere des Cafés und das Gespräch mit Ingvild.

Das war ein Fehler, wie ich sehr bald begriff. Als ich wieder auf die Straße schaute, war der Chauffeur nicht mehr allein. Ein Expressbote mit Fahrrad war eingetroffen, gemeinsam studierten er und der Chauffeur jetzt eine auf der Motorhaube ausgebreitete Straßenkarte. Ich zeigte Ingvild, wie die Beiden über dem Stadtplan brüteten: „Hey, schau mal!"

Jetzt war die Sache offensichtlich geklärt, der Chauffeur faltete die Karte wieder zusammen. Als nächstes ging er nach hinten, öffnete den Kofferraum und holte einen schmalen, etwa 50 x 50 cm großen Karton heraus. Der Expressbote nahm den Karton unter den Arm, schnappte sich den

Geldschein mit der anderen Hand und düste davon.

Der Chauffeur begann erneut auf und ab zu gehen, sodass ich mich wieder meinem Kaffee und dem Gespräch mit Ingvild zuwandte.

Klüger geworden durch meinen früheren Fehler schauten Ingvild und ich jetzt in regelmäßigen Abständen zur Limousine hinüber, sodass wir beide den Höhepunkt des Abends tatsächlich vollständig mitbekamen.

Urplötzlich wurde die Haustür des Apartmentgebäudes aufgerissen, und ein schmächtiger kleiner Mann, fast kahlköpfig und dem früheren Premierminister Alain Juppé ähnelnd, stürzte heraus.

Der nur mit Hemd und Hose bekleidete Mann (und das im Februar!) rannte direkt auf die Limousine zu. Der Chauffeur, der seinen Chef kommen sah, öffnete blitzschnell die hintere Wagentür, schloss sie, nachdem der Kahlköpfige Platz genommen hatte, rannte ums Auto herum, schwang sich auf den Fahrersitz, und das Auto brauste mit aufheulendem Motor davon.

Entgeistert drehte ich mich zu Ingvild um:
„Und das mitten im Winter?"
„Der Mann braucht für die nächste halbe Stunde keine Jacke!"
„Aber warum diese übergroße Hast?"
„Das kommt davon, wenn man alles gleichzeitig haben will!"

Mit anderen Worten, dieses Mitglied der Pariser High Society hatte nicht nur eine Mätresse, sondern gleich derer z w e i, die er zufriedenstellen musste! Dem üblichen Ritual folgte jetzt wohl das Abendessen mit der Familie, danach wurden gemeinsam mit der Ehefrau gesellschaftliche Verpflichtungen wahrgenommen.

Jetzt wissen Sie Bescheid über Paris und seine berühmte „blaue Stunde"! Hätte Claude Chabrol das Erlebte jemals besser inszenieren können?

34. Der ungewöhnliche Geschäftsfreund aus Montreal

Claude ist Frankokanadier und erfolgreicher Verleger in Montreal. Durch einen filmreifen Zufall kamen wir in Kontakt und wurden vorübergehend Geschäftspartner. Sein Leben lang pflegte und verteidigte er die französische Sprache in der Provinz Quebec. Sommerurlaub machte Claude ausschließlich in Frankreich, er bevorzugte Paris und die Côte d´Azur (Spitzname in Frankreich: La Côte, d. h. die Seite).

Bei einem dieser Besuche entdeckte er unsere kleinen Designer-Becken in einem Sanitärladen in Nizza. Er war wie elektrisiert, hatte schon lange und überall nach einem geeigneten Handwaschbecken für ein sehr beengtes Gäste-WC gesucht. Und er war geschäftstüchtig, fand unsere Adresse heraus und rief an. Ich witterte mögliche Geschäfte mit Kanada, deshalb hielt Claude bereits zwei Tage später unser kostenloses Beckenmuster in seinen Händen.

Nur wenige Wochen später löste eine große Badboutique in Montreal eine erste Bestellung bei uns aus, für die wir Claude eine generöse Provision gewährten. Klar, dass ich kurz danach im Flieger nach Montreal saß.

Für meine Marktrecherchen stellte mir Claude nicht nur seinen Mercedes, sondern auch sein Gäste-Apartment auf dem Dach seines kleinen Büroturms großzügig zur Verfügung.

Ich streifte zwei Tage lang durch die führenden Badgeschäfte von Montreal. Nicht eins wollte einen palettenweisen Direktbezug, alle bestanden auf einem Importeur mit Einzelbezug für sie selbst. Genau diese Variante aber war für mich uninteressant, weil sie den Endpreis verdoppelt hätte.

Neben Claudes Großzügigkeit blieb mir auch seine Offenheit unvergesslich. Er feierte den Geburtstag seiner zweiten Ehefrau, die mich schwer beeindruckte, mit mir und deren Freundin. Er vertraute mir auch an, dass sich seine Ex-Frau bei ihm gemeldet hätte, betreffs weiteren gemeinsamen Nachwuchses. In der Tat sollte sich Claude zum Kinderzeugen noch hin und wieder bei ihr einfinden.

Besagte zweite Ehefrau leistete im Übrigen den entscheidenden Teil der Verlagsarbeit ihres Mannes. Sie weigerte sich, mit anderen Angestellten im Büro zu arbeiten und tat dies immer nur zuhause.

Ich nahm die wiederholten Zornesausbrüche von Claude gern in Kauf, die unweigerlich kamen, wenn ich bei großen Überraschungen spontan den alten Spruch aus meiner Toronter Highschool ausrief: „Son of a Gun! Du Teufelskerl!"

Bei einem späteren Treffen in Paris entdeckte ich mein Faible für den Triumphbogen und wollte ihn unbedingt endlich von innen sehen. Ingvild kannte ihn längst und wollte nicht noch einmal mit, worauf ihr mein Charmeur Claude tatsächlich ins Ohr flüsterte: „Jetzt sind wir ihn endlich los!"

Claude war in der Tat ein unvergesslicher, weil höchst unkonventioneller Geschäftsfreund!

35. Wie ich dazu kam, Pariser Lebenskunst zu studieren

Im vergangenen halben Jahrhundert fuhr ich jedes Jahr im Schnitt vierzig Mal geschäftlich nach Paris. Natürlich habe ich bei allen diesen Gelegenheiten Beobachtungen und mir Notizen gemacht. Die folgenden sind „hängengeblieben":

- „Die Pariser haben sich eine Stadt geschaffen, deren Zweck es ist, das Leben zu intensivieren.", meinte Georg Stefan Troller in seinen berühmten Interviews. Er war über Jahre ZDF-Sonderkorrespondent in Paris.
- Der Tourist reist nicht nur wegen Museen und Sehenswürdigkeiten dorthin, sondern weil er ahnt, dass man hier zu leben versteht, genauer: etwas vom Leben versteht.

Im Nachhinein weiß ich nicht mehr genau, warum ich seinerzeit begann, im Hotel Westend zu nächtigen, in einer winzigen Nebenstraße der berühmten Avenue Montaigne, deren Namen ich mir nie merken konnte.

Entscheidend waren die Nähe zu der von mir verehrten Avenue des Champs-Élysées, der mit Abstand schönsten Straße der Welt, und der damals noch akzeptable Preis. Erst später entdeckte ich, dass die Avenue Montaigne die Straße der Modepäpste war, und das „Plaza Athénée" mit lauter wartenden Rolls Royces davor nur einmal um die Ecke von mir weg lag. Ich ging dort immer schnell vorbei, heute würde ich mir zumindest das Foyer anschauen.

Zwischenzeitlich ist ein Grund dazugekommen: Ich bin ein Anhänger des Philosophen Michel de Montaigne geworden. Der „Erfinder" des Essays, zu seinen Lebzeiten im 16. Jahrhundert eine neue literarische Gattung, hatte sich nach unterschiedlichen Funktionen in Politik und Justiz im Alter von

38 Jahren auf sein Schloss zurückgezogen und begann, markante Aussagen zumeist klassischer Autoren zum Ausgangspunkt für eigene Überlegungen, Gedanken und Beobachtungen zu machen. „Genug nun für andere gelebt – leben wir zumindest dies letzte Stück des Lebens für uns", erklärte er seinen Rückzug und widmete sich fortan der Literatur und dem Schreiben.

Nicht zu vergessen an dieser Stelle ist auch Marlene Dietrich, die ihren Lebensabend, komplett von der Außenwelt abgeschirmt, in einem Apartment der Avenue Montaigne verbrachte.

Es wiederholte sich jedes Mal: Wann immer ich aus der Stadt kommend an der Métro- Station Roosevelt ausstieg und ein paar Schritte die Avenue Montaigne entlang bummelte, umhüllte mich - abseits der Touristen-Ströme - der Zauber von Paris' schönstem Viertel. Sobald mein Gepäck im Hotel war, besuchte ich regelmäßig die „Bar des Théâtres" am Südende der Straße.

Deren Speisesaal betrat ich nie und mied auch die Tische im Vorraum hinter der Bar, setzte mich viel lieber in den verglasten Vorbau. Dort konnte ich, meinen gerade noch erschwinglichen Croque Monsieur mit Tomatensalat verzehrend, sowohl vorbeiflanierende Fußgänger als auch die temperamentvollen Gäste an der Bar studieren.

Immer mehr stellte sich die „Bar des Théâtres" als Geheimtipp heraus, Touristen fanden nicht hierher, es gab deutlich weniger „Jet-Set" als im prominenten „Fouquet's" an den Champs-Élysées, aber dafür viele Angestellte nahe gelegener Radio- und TV-Stationen. Weil sich die Kellner hier herrlich unaufdringlich zeigten, hatte ich genügend Zeit für ausführliche Postkarten an Verwandte und Freunde.

Einmal waren meine Tischnachbarn ein Paar, dessen junge Frau wohl mit der Königin von Jordanien verabredet war. Ihr etwas älterer und sehr energisch wirkende Partner - Franzose - war offensichtlich ihr Liebhaber. Sie unterhielten sich, wenn es vertraulich wurde - man glaubt es kaum! - auf Deutsch.

Bei anderer Gelegenheit hielt mich unser Pariser Vertreter nur mit Mühe davon ab, den bekannten Film-Komiker Louis de Funès, der an einem nahen Tisch temperamentvoll auf seine Begleiterin einredete, um ein Autogramm zu bitten.

Nur ein einziges Mal besuchte ich eine Abend-Veranstaltung, weil mir meine Zeit dafür zu kostbar war, und ich morgens immer und früh fit sein musste: Es handelte sich um ein Konzert von Harry Belafonte im Théâtre des Champs-Élysées, meinem bevorzugten Restaurant gegenüber gelegen. Das Verhalten der Jünglinge der Pariser High Society in der Loge mir schräg gegenüber interessierte mich schnell viel mehr als der berühmte Showman, der aus dem Fernsehen ja längst vertraut war.

Ausgerechnet, als mich meine komplette Familie einmal begleitete, wurden wir gemeinsam Zeugen, wie ein junger Mann im Hotel nach einer „Madame de …" fragte und das Haus eine Stunde später völlig verschwitzt wieder verließ. Nein, Alain Delon war es nicht!

Zwanzig Jahre später wurde mir durch einen anderen Hotel-Besuchers klar, dass es Zeit war, mir in Paris eine neue Bleibe zu suchen. Die Preise im Pariser Westend waren dabei, durch die Decke zu gehen, wie man so schön sagt. Ein feiner älterer Herr im Kamelhaarmantel sagte am Tresen, dass er jetzt wieder zu seiner Adresse an der Côte d'Azur müsse.

So hinreißend, ja geradezu elektrisierend ich Paris bei jedem meiner Besuche auch fand - leben möchte ich dort nicht! Der überaus gestresste Eindruck, den die Durchschnitts-Pariser auf mich in der Métro und auf den Straßen machten, schreckt ab. Nicht ohne Grund erlitt auch unser dortiger Vertreter später einen Burnout.

36. Wie ich schlecht rasierte Handelsvertreter in Jeans lieben lernte!

Es zeigte sich schwieriger als erwartet, einen geeigneten Handelsvertreter für unsere Produkte und die Niederlande zu finden. „Mit Ihren Glaswaschtischen kommen Sie in Holland acht Jahre zu spät!", hatte mich ein Branchen-Insider grob abgefertigt. Dabei waren diese doch nur ein kleiner Teil unseres Produkt-Programms.

Schließlich hatte es doch geklappt - R. K. hatte einen exzellenten Ruf, ein superseriöses Auftreten und gut zu uns passende Sanitär-Vertretungen.

Am ersten Abend meines zweitägigen Besuchs im Sommer 2007 wollten wir unsere künftige Zusammenarbeit bei einem zünftigen Abendessen besiegeln. Da stutzte ich zum ersten Mal – in dem von ihm gewählten Restaurant in seiner Heimatstadt hatte jeder Gast drei Weingläser vor sich auf dem Tisch stehen.

Als Erklärung kamen nur zwei Möglichkeiten infrage: Entweder war ich an einen „Bonvivant" geraten, oder ich sollte „abgezockt" werden, wie man das „so schön" nennt. Von seinen Kollegen, die mit beiden Beinen mehr auf der Erde standen, war ich Ähnliches mitnichten gewohnt. Ich machte gute Miene zum bösen (?) Spiel und zahlte klaglos die Rechnung für uns beide. Zu sehr freute ich mich über die vereinbarte Zusammenarbeit mit einem überaus sympathischen neuen Geschäftspartner.

Bei den schon am nächsten Tag durchgeführten, gemeinsamen Besuchen holländischer Badgeschäfte folgte ein zweites Ereignis, das mich nachdenklich stimmte. Nach einem Kundengespräch im zentral gelegenen Mijdrecht in der Provinz Utrecht setzte R.K. das Gespräch mit der Chefin weitere 30 Minuten allein fort, nachdem ich aufgestanden war, um mir die Produkte des Wettbewerbs in der Ausstellung anzusehen.

Die Beiden waren sich vermutlich sehr sympathisch. Bei späterem Durchblättern der Bestellungen stellte sich heraus, dass das Badgeschäft in Mijdrecht neben einem Großkunden bei Rotterdam am häufigsten geordert hatte. Das konnte nur bedeuten, dass - wenn man die Unhöflichkeit mir gegenüber mal nicht beachtet, der horrende Zeitverlust aus geschäftlicher Sicht nicht bedauerlich war, mir aber trotzdem zu denken gab.

Andererseits sollte die Zahl unserer Kunden in Holland in den nächsten beiden Jahren nie über zwei Dutzend steigen. Dabei schienen die 17 Millionen Einwohner Hollands bei der dichtesten Besiedlung Europas ein perfekter Markt für unsere Mikro-Waschbecken zu sein.

Das Fass zum Überlaufen brachte eine Antwort, die ich eines Tages bei einem Telefonat um 18:30 von unserem „Herrn Vertreter" R. K. erhielt: „Wissen Sie, diese Zeit jetzt ist privat und für meine Familie gedacht!" Der Vergleich mit seinen bienenfleißigen, nimmermüden und ohne jegliche Allüren agierenden Kollegen sagte mir jetzt definitiv, dass hier etwas nicht stimmte.

Es wunderte mich überhaupt nicht mehr, dass R. K. nur wenige Monate später aus heiterem Himmel Konkurs anmeldete. Er wurde zum endgültigen Beweis dafür, dass die Zeit stilvoller Gentlemen-Vertreter vorbei war (Der etwa fünfzigjährige R. K. arbeitet inzwischen wieder – als Angestellter).

Sein Nachfolger mochte zwar das Auftreten und Outfit eines Pizzabäckers haben, platzte aber schier vor Dynamik. Als Freund hätte ich ihn mir nicht ausgesucht, aber unseren Holland-Umsatz steigerte er in nur 18 Monaten um glatte 500 Prozent.

37. Besuch bei Asiens Holländern

Meine eher seltenen Taiwan-Besuche beschränkten sich auf die Hauptstadt Taipeh, wo unser langjähriger Lieferant für Kosmetikspiegel seinen Sitz hatte.

Eine einzige Reise führte mich nach Taichung, das im Herzen der Insel an der Westküste liegt. Erst mein Aufenthalt dort öffnete mir für die stupende Aufbauleistung dieses Inselstaates und seinen Widerstand gegen den Kommunismus die Augen. Der ist vielleicht vergleichbar mit Hollands 80-jährigem Aufbegehren gegen Spanien, nach dessen Ende Spanien keine Weltmacht mehr war.

Eine noch wichtigere Parallele ist: Taiwan ist in seiner Osthälfte gebirgig, seine wirtschaftlich nutzbare Fläche in etwa so groß wie die der beengten Niederlande, auch die Bevölkerungszahlen gleichen sich.

Schon im Zug war es brechend voll, ich musste zwei lange Stunden Fahrt in größter Enge stehen. Lediglich der Anblick ganzer Heerscharen von Frauen, die sich auf vorbeirauschenden Marktplätzen gymnastischen Übungen widmeten, lockerte diesen misslichen Zustand etwas auf.

Unseren jugendlichen Geschäftspartner in Taichung, der unsere Firma nach der Jahrtausendwende dank seines brillanten Designs eines neuen Glaswaschtisches fast im Alleingang vor dem Untergang rettete, besuchte ich nur auf dieser Reise. Wir hatten uns zuvor bereits in Canton getroffen, auch unsere E-Mail-Korrespondenz lief wie am Schnürchen.

Er zeigte sich auch bei dieser Gelegenheit von seiner besten Seite, war umgänglich, präzise, pragmatisch, ein wirklich feiner Kerl und äußerlich so unchinesisch, dass er auch als Europäer durchgegangen wäre. Seine elegante Art und Weise und auch das Nicht-Auftauchen einer Ehefrau erinnerten mich irgendwie an „unseren Italiener" (siehe „Der kleine Armani der Sanitärbranche").

Beim Durchblättern verschiedener Drucksachen der Außenhandelskammer von Taichung überraschte mich Folgendes: Trotz der viel engeren geschäftlichen Verbindungen sowohl mit den USA als auch mit Deutschland existiert hier neben einem „Edelweiß-Verein" immer noch ein „English Club", ein Relikt aus längst vergangenen Empire-Zeiten.

Meine eindrücklichste Erinnerung? In meinem Bemühen, auch den Sonntag sinnvoll zu nutzen und in Ermangelung von Museen stand ich um 9 Uhr am Morgen vor dem größten Buchladen der Stadt und traf dort tatsächlich auf zwei Angestellte, die die sowohl die Ladenfenster als auch den Gehweg putzten. Fast zwangsläufig wird das fleißige Asien irgendwann den Westen abhängen!

Verkappte Machos (wie ich) konnten in Taichung feststellen, dass der westliche Schlankheitswahn hier noch nicht angekommen war. In Hongkong war er durchaus bereits zu sehen. So konnte ich hier weibliche Formen bestaunen, die mich bedauern ließen, kein „Chinamann" zu sein.

Was mir von der Reise vor allem blieb, war Bewunderung für ein überragend tüchtiges Volk, das ähnlich wie die Hongkong-Chinesen einen Großteil seiner Fabriken auf dem chinesischen Festland dirigiert bzw. mit Aufträgen füttert. Möge es ihm gelingen, seine Freiheit neben dem Riesen in der Nachbarschaft zu bewahren!

38. Der Adlige im Pariser Feinkostladen

Auf Messereisen war mir Ingvilds Begleitung immer wichtig. Sie war (und ist) instinktiv in der Lage, sowohl potentielle Geschäftspartner als auch neue Produktideen untrüglich und sicher einzuschätzen.

Für derartige Reisen nach Paris hatten wir uns angewöhnt, unsere Abendessen auf Selbstverpflegung umzustellen: Baguette mit etwas Aufschnitt und Rotwein, da Restaurantrechnungen sehr schnell bis an die Höhe der Hotelkosten heranreichten. Pizzerien gibt's im Viertel der Champs-Élysées nun einmal nicht!

So auch diesmal. Wir betraten an einem regnerischen Februarabend einen vielversprechenden Feinkostladen in einer Nebenstraße der Champs-Élysées.

Ein Kunde hielt sich darin auf, ein hochgewachsener älter Herr mit feinen Gesichtszügen, den der Ladenbesitzer mit „Monsieur le Baron" anredete.

Es verschlug uns die Sprache, wie lange er den Verkäufer mit seinen gewünschten diversen Käsesorten (Mit Rotwein zu genießen?) beschäftigte. Bevor wir ungeduldig werden konnten, fand seine Entscheidungsfindung ihr Ende, der Grandseigneur zahlte und ging.

Weil wir am Tag zuvor das ganz in der Nähe gelegene und von einer riesigen Mauer eingeschlossene Rothschild-Palais samt eigenem Park entdeckt hatten, wurden wir jetzt zu kleinen Paparazzi und wollten herausfinden, wohin dieser feine Herr wohl ging.

Deshalb kauften wir zügig ein, eilten aus dem Geschäft und folgten dem Vorausgehenden. Uns trennten noch etwa zwanzig Meter, als der Mann sich plötzlich nach rechts wendete und nicht mehr zu sehen war.

Er war in einer Miniatur-Straße verschwunden, die zwar zwei Gehsteige, aber in der Mitte nur Platz für ein einziges Auto hatte. Außerdem endete sie bereits nach wenigen Metern.

Unser „Monsieur le Baron" öffnete dort ein etwa drei Meter hohes eisernes Tor und verschloss es auch gleich wieder.

Wir standen also in einer der sagenumwobenen Privatstraßen der französischen Hauptstadt! Wer hier wohnt, ist von Touristen komplett abgeschirmt und lebt trotzdem direkt im Herzen der Metropole.

Wir schauten dem Baron hinterher, bis er zwischen Hecken verschwand.

39. Wiedersehen mit Chicago - der „Windy City"

Seit meinem Trainee-Aufenthalt in Wisconsin vor einem halben Jahrhundert und ein paar Messebesuchen in den 80ern hatte ich Chicago nicht wiedergesehen.

Im Frühjahr 2010 sollte es einmal wieder richtig ernst werden.
Ich wollte - nachdem es schon gelungen war, in Kanada Fuß zu fassen - versuchen, regionale Vertreter für unsere kleinen Designer-Becken in nichts weniger als den gesamten USA zu organisieren.

Die Michigan Avenue, Chicagos Pracht-Boulevard direkt entlang des Michigan Sees, war mir von früher ein Begriff. Ich organisierte ein Hotel in unmittelbarer Nähe des Chicago Hilton, des weltgrößten Hotels dieser Kette am Michigan See, das ich unbedingt kennenlernen wollte.

Es ist ein wahrhaft gigantisches Gebäude und füllt einen ganzen Häuserblock. Jeden Abend setzte ich mich ins Foyer, groß wie ein halbes Fußballfeld, beobachtete das Kommen und Gehen und schrieb meine Postkarten an der Bar. Was für Europäer als Luxushotel galt, schien bei den Amerikanern ein völlig normales Hotel für Geschäftsleute und -ehepaare zu sein. Kein einziges Mal habe ich dort einen Schwarzen gesehen - was auch eine Form von Apartheid ist!

Eine Straße weiter nahe der U-Bahn befand sich mein ausgewähltes Hotel. Das Personal an Theke und Tresen entwickelte mir gegenüber – dem deutschen Gast mit dem kanadischen Akzent beim Gebrauch des Englischen – eine solche Affinität, dass ich nur so staunte. Man las mir buchstäblich jeden Wunsch von den Augen ab. Ein Italo-Amerikaner tat sich darin besonders hervor.

Meinen kulturellen „Clou" dieser Reise fand ich in dem riesigen, zur University of Chicago gehörenden Buchladen in einer Straße neben meiner U-Bahn-Station. Allabendlich nach der Messe recherchierte ich dort und entdeckte amerikanische Buch-Juwelen, von deren Existenz ich vorher rein gar nicht gewusst hatte.

Ansonsten weist die traditionsreiche Metropole am Michigan See viele Ähnlichkeiten mit New York auf. Es gibt z. B. alte Spezialgeschäfte, die man in keiner anderen Stadt finden würde. Auch die teilweise auf Stelzen geführte U-Bahn erinnert an New York. Einmal fuhr ich versehentlich in einer U-Bahn mit lauter Schwarzen, die anscheinend in ein Schwarzen-Viertel fuhr.

Die Messe selbst zeigte den schleichenden Niedergang der traditionellen amerikanischen Industrie. Deutsche und italienische, aber vor allem chinesische Hersteller waren auf dem Vormarsch.

Mein Versuch, Vertreter zu finden, scheiterte leider. Die Badgeschäfte in den USA verlangten für jeden einzelnen Handwaschbecken-Typ die Prüfung durch ein amerikanisches Prüfinstitut. Das amerikanische Faible für beeindruckende Komplimente, als ein kalifornischer Vertreter mich tatsächlich als „German Movie Star" bezeichnete, amüsierte mich sehr. Dabei trug ich lediglich meinen „stinknormalen" Geschäftsanzug, noch nie zuvor hatte sich jemand nach meiner Wenigkeit auch nur umgedreht!

Das Verhalten der Welt-Führungsnation zeigte sich nach insgesamt vier Tagen Chicago genauso wie in Wisconsin vor dem halben Jahrhundert:

- locker, leger, lässig, halt wie tatsächliche Cowboys
- selbstironisch, humorvoll, sich selbst kleinredend
- unprätentiös, generös, unauffällig,
- ständig bereit zum Flachsen bzw. Blödeln
- sowie umwerfend hilfsbereit zu Fremden.

40. Boomtown des 21. Jahrhunderts

Versuch eines Überblicks (notierte Gedanken)

Bericht von einer achttägigen Messereise nach Shanghai -
The boomtown to end all boomtowns.

Diese Stadt scheint Berlins Rolle von vor 100 Jahren übernommen zu haben, als unsere Hauptstadt (heute kaum mehr vorstellbar) durch AEG, Siemens, Borsig etc. zur größten Industriestadt der Welt aufstieg, und die Hälfte der Nobelpreise an Deutschland ging.

- Als Firmenzentum (Hongkong hat im Schnitt 100.000 Neugründungen pro Jahr, vor allem aus steuerlichen Gründen.) hat Shanghai einiges aufzuholen, aber die magische Anziehungskraft dieser Stadt scheint immer stärker zu werden.
- Am „People's Square" (Shanghais Times Square) überquert man die Straßen inzwischen in 10er Reihen.
- Hoffentlich gelingt die - vor 100 Jahren von Großbritannien an Deutschland gescheiterte – Stabübergabe, diesmal ohne Weltkrieg! Finanziell hat China Amerika jedenfalls längst „in der Tasche", die USA haben zwischenzeitlich eine Verschuldung wie im alten Rom!

Die Siemens-Magnetbahn auf Stelzen

Ein „must-have" für jeden heutigen Shanghai-Besucher verläuft vom neuen Flughafen zum Ostbahnhof der U-Bahn, eine Fahrt kostet 50 Yuan (6 Euro). Sind 440 Kilometer pro Stunde vergleichbar mit dem Tempo einer abgeschossenen Kanonenkugel? Außer einem leichten Rattern erschien die Schnelligkeit im Vergleich zur ca. 200 m entfernten, tieferen Autobahn nicht extrem, da als Bezugspunkte weder Bäume noch Gebäude da sind. Man begreift es erst, wenn der Gegenzug heranrast. Der war schneller vorbei, als man „Peng" rufen konnte! In dieser halben Sekunde machte der „Maclev" (Magnetschwebebahnen) seinem Spitznamen „Bullet-Train" (japanischer Hochgeschwindigkeitszug) wirklich alle Ehre!

Allgemeine Beobachtung:

Am ähnlichsten sind die Chinesen vielleicht den Italienern: Entrepreneure, Improvisatoren, Dauer-Huper, temperamentvoll und stimmgewaltig. Letzteres ist am deutlichsten wohl auf der Aussichtsplattform von Asiens höchstem TV-Turm, dem Pearl-Tower zu erfahren: Mit etwa 300 Chinesen dort oben geht's nicht mehr ohne Ohropax - schweigende Andacht ist Fehlanzeige!

Westler lehrt das Fürchten:

- Dass die (übrigens hervorragend organisierte!) U-Bahn am Sonntagmorgen gegen 8.30 Uhr sage und schreibe „proppenvoll" war!!
- Dass Shanghai nicht einen Elbtunnel wie Hamburg oder einen Rheintunnel wie Rotterdam aufweist, sondern derer S E C H S und einen sogar doppelstöckig!!
- Dass im Stadtbild die Jugend stark dominiert!
- Dass die vielen Unternehmer auf der Messe höchstens 30 sind.
- Dass es pro Einkaufszentrum mindestens zwei Spielzeugläden mit überwiegend Intelligenz- und Bastelspielen gibt (Für Enkelinnen und Kinder von Geschäftsfreunden bevorratete ich mich damit).

Was die 60 TV-Kanäle zeigen:

Der Staat setzt der Dekadenz westlicher Seifenopern und Spielshows Historienfilme entgegen, mit Helden in Mongolen-Rüstung, als Wesire des Kaisers, oder im Mao-Look. CNN und TV5 Mondial gibt's dosiert, BBC gar nicht. Wie sehr dagegen der Markt für Luxusautos in deutscher Hand ist, zeigen die Werbespots aller drei (!) Marken (BMW mit „Joy of Driving" am besten) mitten in den englischsprachigen Hauptnachrichten!

Magie des historischen B u n d e s

Die neuen Wolkenkratzer plus Pearl-Tower füllen exakt die kleine Landzunge aus, um die der Huangpu-Fluss eine kompakte Schleife zieht (Teil des Yangtse-Deltas). Den Logenplatz auf der gegenüberliegenden Flussseite hat Shanghais berühmteste Straße, der Bund, inne. Was wie ein deutsches Wort klingt, stammt aus Hindustan, und bedeutet soviel wie „Böschung entlang von schlammigem Wasser", wie ich nach langem abendlichem Bücherwälzen herausfand.

Es war die frühere Hafenfront des großen europäischen Viertels, mit eigener Gerichtsbarkeit, den drei Westmächten nach dem Opiumkrieg 1842 China abgetrotzt (British Concession, French Concession, American Concession). Damit begann die Blütezeit Shanghais als Finanzmetropole Asiens und Eldorado westlicher Glücksritter (und Künstler), hier saßen die mächtigsten Banken und Handelshäuser. Der Geschichtsfan (ich) deckte sich prompt mit Büchern darüber ein, am Abend in der „Bücherstraße", der Fungzhou Rd. gefunden.

Die alten Villen der Europäer zählen heute zu den größten Sehenswürdigkeiten Shanghais. Es spricht für die heutige Führung, dass sie die Restauration zulässt. Am Bund sind heute Shanghais beste Galerien, Kreativ-Firmen, Bars und Restaurants etabliert. Ist eine interessantere Stadt für den Besuch eines Europäers denkbar? Die Haupteinkaufsstraße – Nanjing Road - beginnt gleich um die Ecke.

Auszug einer Speisekarte:

- Fish Head - Fischköpfe
- Duck Tongue - Entenzungen
- Peppered Chicken Feet – Gepfefferte Hühnerkrallen
- Spicy Bullfrog – Würziger Ochsenfrosch
- Poached Pig's Tongue – Gedünstete Schweinezungen
- Spicy Jew's Ear – Gewürzte Judasohren (Mu-Err-Pilze)
- Marinated Goosehead – Marinierte Gänseköpfe
- Spicy Pig's Intestines… - Innereien vom Schwein…

Trotz vieler Pannen bei der Auswahl ist der Europäer begeistert von den schier unfassbaren, phantasievollen Varianten. Welch eintönige Menüs wir doch in Europa haben!

Was ich den Expo-Fragern antwortete:

Sehr oft wurde ich gefragt, ob ich schon auf der Weltausstellung gewesen sei. Ich erklärte, dass ich zufällig auf der New Yorker Expo 1964 (!) vorbeigeschaut hatte und diese inklusive der Warteschlangen, in Shanghai bis zu sieben Stunden!) als Geschäftsmann höchst langweilig empfand. Diese Antwort verblüffte die (meist jugendlichen) Frager derart, dass das Thema damit sofort abgehakt war.

Ansonsten galt bei Fachmessen - wie immer - „Schweiß vor Preis". Vier Stunden Messemärsche und zwei Stunden U-Bahnfahren (fast immer stehend) pro Tag. Da der Anteil weißer Besucher jedoch nur in „Promille" messbar war, stellten sich auf Dauer doch Erfolge ein. Bekannte deutsche und italienische Firmen stellten in einer von zwölf Hallen mit chinesischem Personal aus. Eine einzige Firma kam aus Nordamerika, Designer-Wannen aus Québec! Und eine aus Spanien.

Zum Schluss noch eine drollige Selbst-Beobachtung:

Nach 100 Stunden „Mandelaugen" kamen selbst mir wir sogenannten „Whiteys" allmählich irgendwie hässlich vor! Ich begann, regelrecht pikiert zu sein, wenn ich selbst einige entdeckte. Diese wiederum taten putzigerweise so, als ob sie mich nicht bemerkten, sodass ich dachte: „Na dann eben nicht!". In beiden Reaktionen steckt wohl das zwingende Bedürfnis der Menschen nach Anpassung ...

Die Frauen sind da – einmal mehr – flexibler. In der Hotel-Lobby führte ich zwei längere, höchst anregende Gespräche mit einer holländischen Geschäftsfrau und einer amerikanischen Professorin.

Übrigens hatte ich in Shanghai das mit Abstand beste Hotelzimmer meines Lebens: Trotz großer Kompaktheit riesiger Glas-Schreibtisch, regelrechter Bürosessel, gigantischer Flachbildschirm, Glasschiebetür zum Bad, sagenhafte Dusche, alles für 40 Euro. Meine ewige Neugier trieb mich in ein Luxushotel in der Nähe, ich fragte nach dem günstigsten Zimmer dort - das Siebenfache! Nur wegen des rausgeputzten Foyers? Die zwei Weinflaschen auf dem Tisch? Das war Zufall, Ehrenwort! Eine kleine abendliche Unterstützung für den verhinderten Journalisten beim Schreiben. Hätte besser den Bücherstapel drauflegen sollen!

41. Wie ein indischer Global Player zu meinem Butler mutierte

Nach der Rückkehr von einer stressigen Südchina-Reise (zwei Messen und sechs Werksbesuche in neun Tagen) war ich mental noch damit beschäftigt, mich von dem hochspannenden „Film", den ich soeben erlebt hatte, zu lösen. Ich begriff in diesem Moment erstmals, warum viele Schauspieler im Alter zu Alkoholikern werden.

Hier folgt die stupendeste und ergreifendste Episode der gesamten Reise: Ich hatte gerade den frühen (8:20 Uhr) Schnellzug T-820 von Hongkong (acht Millionen Einwohner) nach Guangzhou (12 Millionen Einwohner) bestiegen. Als Geschäftsmetropole kann diese Stadt weder mit Hongkong noch mit Shanghai mithalten, aber ihre traditionsreiche „Canton Fair" ist die mit Abstand wichtigste Exportmesse Chinas.

Um zu Hongkongs Hauptbahnhof Hung Hom zu gelangen, nimmt man ein Taxi (Das ist preiswert, weil Benzin dort nicht besteuert wird.) und fährt durch einen Tunnel unterhalb des Binnensees zwischen Hongkong-Zentrum (Wanchai) und Hongkong-Festland (Kowloon) hindurch.

Wenn der Frühaufsteher (nach dem so geliebten Solo-Frühstock um sechs Uhr!) beim Verlassen des Tunnels durchs Rückfenster des Taxis schaut, wird er mit dem fulminantesten Ausblick der gesamten Reise belohnt - dem Blick auf das Zentrum des „anderen" Manhattans. Jeder achte wohlhabende Asiate lebt hier.

Dieser Zug hat nur reservierte Plätze, Stehplätze gibt es nicht. Die Fahrt dauert zwei Stunden. Der einzige Zwischenstopp ist Dong- Guan (sechs Millionen Einwohner) - Sitz des berüchtigten Apple-Lieferanten Foxconn.

Nach einigem Suchen fand ich sowohl den Waggon als auch meinen Sitzplatz. Ich hatte einen Koffer, eine deutlich schwerere Aktentasche sowie den hier immer nötigen Regenmantel dabei.

Der Fensterplatz war bereits besetzt, ein flüchtiger Blick zeigte mir einen indischen Enddreißiger von mittlerer Größe in Jeans und gestreiftem Hemd. Die Ärmel waren trotz der Hitze lang, um die extreme Behaarung seiner Arme zu verdecken. In Deutschland hätte ich auf Pizzabäcker, in Hongkong auf Restaurateur getippt.

Wie immer begann ich sofort ein Gespräch, wohl wissend, dass im Ausland lebende Inder fast immer fließend Englisch können. Zu meiner Freude lief das Gespräch so gut wie selten, und so tauschten wir über zwei Stunden lang Gedanken über Gott und die Welt aus.

Als wir zum Schluss auf das Geschäftliche zu sprechen kamen, dämmerte mir reichlich spät, dafür aber innerhalb von Sekunden, w e r dieser so unauffällig wie bescheiden wirkende Zugnachbar in Wirklichkeit war!

Ich saß neben einem mächtigen „Global Player", der von seinem Hongkonger Büro aus monatlich 90 Container von verschiedenen indischen Häfen aus nach Europa und in die USA dirigierte.

Ich fragte weiter, wie er einen solchen Herkules-Job bewerkstellige? Es stellte sich heraus, dass er in sieben indischen Städten in Vollzeit beschäftigte Angestellte als Qualitätsinspektoren hatte. Und er reiste lediglich zur Messe, um seinem im Hotel-Business tätigen Bruder einen Gefallen zu tun.

Noch bevor ich meinen offenen Mund schließen und meine Verblüffung herunterschlucken konnte, war der Zug in den Bahnhof Guangzhou-Ost eingefahren. Mein viel jüngerer indischer Nachbar sprang auf und griff sich meine beiden Gepäckstücke, mir trotz meiner Proteste nur den Regenmantel überlassend.

Reflexartig kam mir da der Gedanke: „Der verschwindet mit deinem gesamten Gepäck!". Bis ich begriff, was hier geschah:

Dies war ein extrem erfolgreicher, weit jüngerer Geschäftsmann, praktisch ein Multimillionär aus einer völlig anderen Kultur, der mir deutlich älterem Mitreisenden seinen Respekt bezeugen wollte. In der Folge hatte ich praktisch eine Art „persönlichen Butler" für die nächsten zwei Stunden zur Verfügung, während derer sich folgendes abspielte:

- Gemeinsamer Gang durch den großen Bahnhof
- Warten auf ein Taxi, inmitten einer riesigen Menge Reisender
- Bezahlen des Taxis nach Ankunft an der Messe
- Begleitung durch die langwierigen Messe-Formalitäten
- inkl. neues Pass-Foto (wegen möglicher Industriespionage?)
- Begleitung bis zum ersten von mir angepeilten Messestand

Während wir uns ununterbrochen unterhielten, hatte ich an meinem nicht enden wollenden Staunen über meinen „Millionärs-Butler" gewaltig zu „knabbern".

Welch ein gewaltiger kultureller Abstieg unserer westlichen Zivilisation, welch eine systematische Zerstörung jahrhundertealter Traditionen, inklusive des Respektes vor dem Alter. Signalisieren diese Dinge womöglich das kommende Verschwinden unserer Kultur, wie so oft in der Geschichte?

Beim Abschied bat ich um seine Visitenkarte. Zur Krönung meiner Verblüffung enthielt das Kärtchen (Vorderseite Chinesisch, Rückseite Englisch) zwar sämtliche Firmendaten, aber von ihm selbst lediglich den Vornamen Nimisch mit der Bezeichnung „President" darunter, heute wohl CEO. Er begründete dies mit seinem für Chinesen zu komplizierten Nachnamen.

Wir schüttelten uns die Hände, und ein dankbarer Messebesucher umarmte seinen Wohltäter. Nimisch ließ einen sehr ergriffenen und demütigen Europäer zurück.

42. Der neuseeländische Crocodile Dundee nickte mir zu

Die Export-Sachbearbeiterin unseres chinesischen Armaturen-Lieferanten hieß Yan. Sie schien meine Art, in E-Mails locker zu flachsen, irgendwie zu mögen, denn sie setzte sich ganz besonders für unsere Belange ein.

So bot Yan mir an, für die nächste Canton Fair in Guangzhou nicht nur ein extrem günstiges Zimmer in einem nur von chinesischen Firmen frequentierten Hotel zu buchen, sondern brachte ihre Firma sogar dazu, das Geld für das im Voraus zu bezahlende Zimmer vorzustrecken.

Das chinesische Frühstück im eng bemessenen Foyer direkt vor der Hoteltheke auf dem Schoß einzunehmen war für einen Europäer allerdings ein harter Brocken. Wer würgt schon gern am frühen Morgen in Ermangelung von Brötchen oder Toast Nudeln herunter?

Das Abendessen mit Yan und ihrem Exportleiter machte die Frühstückserfahrung mehr als wett. Ich begriff schnell, warum sie nicht allein kam. Die unerhört weibliche Yan zeigte sich als eine der schönsten jungen Frauen, die mir in China je begegnet sind. Und gerade sie schien sehr erpicht zu sein, mit mir doch deutlich älterem Weißen zu flirten.

Unter dem Tisch ging es bald höchst angeregt zu, während der Exportleiter, ein blasierter junger Mann ohne ein Wort Englisch, vermutlich der Eigentümer-Familie entsprosst, gelangweilt auf seinem Laptop herumtippte. Ich hätte diesen Aufpasser glatt auf den Mond schießen können!

Jeder schöne Abend geht zu Ende. Irgendwann war Schluss, meine beiden Gastgeber hatten noch eine gute Strecke Weg zum Werk zurückzulegen. Eine heftige Umarmung zum Abschied … das war's!

Mein Hotel lag an einem riesigen Boulevard, wo es abends von zumeist jugendlichen Flaneuren nur so wimmelte. Gar nicht weit weg fand ich ein gediegenes Restaurant im ersten Stock. Dort kehrte ich an allen verbliebenen Abenden meines Messe-Aufenthaltes ein, zweimal sogar mit Geschäftspartnern von der Messe.

In diesem Restaurant mit seiner gedämpften Beleuchtung spielte abends jemand Klavier. Diese Variante der von mir so geschätzten Piano-Bars in Hotels war mir ausgesprochen sympathisch. Der Musiker gab nur westliche Evergreens zum Besten, dafür unterhielt ich mich hin und wieder ein wenig mit ihm.

Eines Abends entdeckte ich von weitem tatsächlich einen anderen weißen Gast! Sofort unterbrach ich meine Bestellung, ging zu ihm und fragte höflich, ob ich mich zu ihm setzen dürfe? Die Antwort war ja, und so begannen wir uns zu unterhalten.

Mein Gegenüber, eine weniger hagere und höchst ansprechende Version des „Crocodile Duncee", war neuseeländischer Berufsphotograph, der im Auftrag von GM, Audi und anderen Automobilfirmen Photo-Shootings von neuen Auto-Modellen machte und überwiegend in Hongkong arbeitete. Ich lenkte das Gespräch auf verwandte Themen, zum Beispiel Filme. Mein Gegenüber zeigte sich zu meinem Erstaunen als großer Bewunderer von Max Ophüls. Stefan Zweigs „Brief einer Unbekannten", unter der Regie von Ophüls entstanden, ist einer unserer Lieblingsfilme.

Leider klingelte dann sein Telefon, und er musste weg. Dringend? Beruflich? Oder war es vielleicht doch eine hiesige chinesische Geliebte, die ihn erwartete? Zuzutrauen war ihm der Schwerenöter auf jeden Fall. Er hatte durchaus etwas von einem wettergegerbten Richard Gere …

Noch eine letzte Beobachtung von der Canton Fair: Wenn ich abends zur nahen Station ging und dort als einziger Weißer in die U-Bahn stieg, war ich jedes Mal fassungslos über den gewaltigen Andrang am Taxistand direkt davor. Dort warteten dicht gedrängt an die fünfhundert Europäer und Amerikaner auf Beförderung. Offensichtlich bestand kein wirkliches Interesse an dem Land in dem sie sich gerade aufhielten. Die U-Bahn probierten sie nicht aus.

Dabei wurde mir endgültig klar, dass Merkels Millionen-Experiment mit muslimischen Migranten fast zwangsläufig zu Parallelgesellschaften führen wird. Denn so ist es eben in der Natur: Gleich gesellt sich immer zu Gleich. probierten sie nicht aus.

Dabei wurde mir endgültig klar, dass Merkels Millionen-Experiment mit muslimischen Migranten fast zwangsläufig zu Parallelgesellschaften führen wird. Denn so ist es eben in der Natur: Gleich gesellt sich immer zu Gleich.

43. Der englische Investment-Banker in der Hotel-Bar von Dubai

Da ich immer wieder von fulminanten Verkaufserfolgen deutscher Sanitärfabrikanten in den arabischen Emiraten gehört hatte, wollte ich den dortigen Markt unbedingt auch für unsere kleine Import- und Vertriebsfirma testen.

Die Gelegenheit ergab sich, als ich eines Frühjahrs von der „Sanitär- und Beleuchtungsmesse Mittlerer Osten" in Dubai erfuhr. Anfang Mai reiste ich hin.

Was es bedeutet in einem Land zu leben, in dem bereits im Mai die mittlere Tagestemperatur 45 Grad beträgt, begriff ich erst allmählich. Denn zuallererst war ich mit der Messe beschäftigt, auf der deutsche (hochwertige und teure) sowie chinesische (preiswerte und immer besser werdende) Werke dominierten. Nur e i n weiteres Land spielte daneben noch eine Rolle: Italien.

Als ich die Messe am Abend verließ, nahm ich zwei unvergessliche Eindrücke mit: In einer Halle hatten sich hunderte, mit schwarzer Burka bekleidete Frauen für irgendein Event versammelt. Ich musste durch sie hindurch, das war für mich der reinste Alptraum! Als ich endlich vor die Tür trat, senkte sich keine Dämmerung hernieder. Nein, es wurde schlagartig dunkel, genauso, wie es Arabien-Reisende immer wieder berichten. Die Taxifahrt zurück wurde zum Lichtblick, wegen des ultrabilligen Benzins kostete sie beinahe nur soviel wie bei uns ein Busticket.

Am zweiten Messetag besuchte ich am Nachmittag eine sehr breite Straße mit Grünstreifen in der Mitte. Auf beiden Seiten reihten sich fast alle Badgeschäfte Dubais aneinander. Beim Überqueren dieses Boulevards mit seinem rauschenden Verkehr achtete ich strikt auf Sonnenhut und eine immer gut gefüllte Wasserflasche.

Am dritten Messetag hatte ich am Nachmittag zwei Stunden für touristische Besichtigungen eingeplant. Ich wollte unbedingt zum weltberühmten Strand. Auf dem Weg dorthin ertönten gefühlt ununterbrochen Sirenen von Ambulanzen, die kollabierte Bauarbeiter in die Krankenhäuser brachten. Deshalb bat ich den Taxifahrer zu warten, während ich kurz den Strand „inspizierte".

Außer einem halben Dutzend dickbäuchiger Weißer gab es nichts zu sehen - keinen einzigen Sonnenschirm, geschweige denn ein Gebäude. Fluchtartig eilte ich zum Taxi zurück und nannte die nächstgelegene, klimatisierte Mall als Ziel. Dort staunte ich, nur arabische und englische Zeitungen zu sehen, und englische Ladies beim Shoppen. Schlagartig begriff ich, warum in der Vorstellung der Brexit-Politiker und ihrer Wähler das Empire als Phantom bis heute überlebt hat.

Am Abend kam ich an der Hotel-Bar in ein Gespräch mit einem stämmigen, englischen Investment-Banker. Er weilte in Dubai, um für russische Oligarchen Land zu kaufen. Mehr war ihm nicht zu entlocken, eine Visitenkarte hatte er nicht dabei. Das behauptete er zumindest.

Auf dem Weg hierher hatte er in Moskau und Hamburg Station gemacht. Am interessantesten war zweifellos, was er über das Hamburg der 80iger Jahre zu berichten wusste. Absolute Fassungslosigkeit eines Weitgereisten stand hinter seinen Worten:

„There was no poverty, ANYWHERE!" (NIRGENDS war Armut zu sehen)

Über die nächsten vierzig Jahre später hat sich das geändert, Deutschland hat sich diesbezüglich seinen Nachbarländern, die ehemalige Kolonien hatten, angepasst.

Auf dem Rückflug hatte ich das folgende Aha-Erlebnis: Neben mir saß ein älteres, belgisches Ehepaar, das seit langem eine Import-Firma für Beleuchtungen betrieb. Beide waren im Urlaub und bass erstaunt, als ich ihnen erzählte, dass die von mir besuchte Messe zur Hälfte Beleuchtungstechnik ausgestellt hatte.

Das konnte ich zuerst nicht glauben. Ich selbst werde regelmäßig am dritten Urlaubstag unruhig und beginne, den Markt vor Ort zu recherchieren. Aber wir Menschen sind bekanntlich sehr verschieden...

44. Wie Scotland Yard einen Mordfall noch während unserer Reise löste

Unser London-Vertreter hatte Ingvild und mich in sein Landhaus nahe Cornwall eingeladen, wir sollten mit dem Bus nachkommen.

Reisen bedeuten zu allererst Stress: Zum Flughafen fahren, Abliefern des Gepäcks, Sicherheitskontrollen, Flug, dasselbe noch einmal am Zielflughafen diesmal mit Abholung des Gepäcks, Anstehen beim englischen Grenzschutz, Airport-Express in die Stadt, U-Bahn usw.

Am Victoria Bahnhof lernten wir, dass es „Busse" nur in der Stadt gibt, bei Überlandfahrten heißen sie dann „Coach". Unser „Coach" fuhr bis Exeter, dann ging es mit dem Taxi weiter nach Moretonhampstead, was angeblich der längste Ortsnamen in ganz England ist.

London ist von fürchterlicher Enge (Hier fehlte ein französischer „Baron Haussmann", der das Stadtzentrum von Paris viel besser und schöner geplant hatte!), die mir durch die Fahrt mit dem Überlandbus noch mehr als bei früheren Besuchen auffiel. Europas Jugend zieht diese Stadt offensichtlich wie ein Magnet an. Denn schier endlos quälte sich der Bus mit Stop-and-Go durch Chelseas enge Gassen.

Eine Beobachtung machte ich während der Fahrt: Nicht bei einem Franzosen oder Italiener, sondern tatsächlich bei einem eleganten Engländer sah ich hier zum ersten Mal spitz zulaufende Halbschuhe, die von der Mitte - man glaubt es kaum - bis zur Spitze geschnürt waren! War das eine Art Playboy-Signal für die Damen?

Auf dem Weg nach Exeter führten wir ein langes Gespräch mit dem Taxifahrer: Er war früher Verkaufsingenieur und ab Mitte 50 nicht mehr vermittelbar. Daher wurde er Taxifahrer. Seine festangestellte Ehefrau und er zogen drei Kinder groß.

Im Hotel war unter vielen anderen ein auffallend sportlicher Amerikaner abgestiegen, der wie 39 aussah, aber bereits einen 24-jährigen Sohn hatte. Er nahm gerade an einem Wohltätigkeitsmarsch Schottland-Plymouth teil.

Bei der Ankunft erlebten wir sofort unseren ersten Reise-Höhepunkt: Wir entdeckten begeistert eine uns bisher völlig unbekannte Landschaft. Devonshire, das östlich an Cornwall grenzt, ist halb Toskana, halb Lüneburger Heide und besteht zur Hälfte aus Englands zweitgrößtem Hochmoor „Dartmoor".

Die Südküste Devons gilt wegen ihres milden Klimas als „Englische Riviera". Ich hätte ihre Badeorte wie zum Beispiel Torgay gern gesehen, wurde aber 3:1 überstimmt - unseren Gastgebern und Ingvild war es lieber zu wandern. Jeden Morgen genossen wir ein ausgedehntes English Breakfast mit langen und schönen Gesprächen. Danach ging es in die Natur.

Dieses seefahrende Volk ist herrlich unkompliziert. In seinen Zeitungen wird eine viel größere „politische Inkorrektheit" als bei uns ausgelebt. So stand zum Beispiel im Kommentar des durchaus seriösen „Daily Telegraph" zum Klimagesetz von 2008: „Die Wahnsinnigen haben jetzt im Sanatorium das Kommando übernommen!"

Wir genossen die viele, historisch gewachsene Kultur, beispielhaft erlebt in Bovey Castle, einem gigantischen ehemaligen Schloss, das früher einem Industriellen gehört hatte und jetzt Golf-Hotel war. In einem komplett holzvertäfelten Raum nahmen wir einen Imbiss vor einem Kamin, und ich sah - zum ersten Mal seit Jahrzehnten wieder - Knickerbocker.

Auf der Rückfahrt im „Coach" las ich im vielleicht am besten recherchierten Bestseller über „die Mutter aller Bankkrisen 2008", in dem ein Top-Journalist, später Minister, erzählt, wie durch einen Gauner in Nadelstreifen im Mutterland der Spekulanten und Wettbüros alles begann:

In einer winzigen Provinzbank kam ein gewisser Adam Applegarth, v erheiratet, im Jahre 2001 als CEO an die Macht und sann sofort auf Mittel, sich und seine Geliebte zu bereichern. Wie sagte schon Onassis: „Gäbe es keine Frauen, wäre all das Geld auf der Welt bedeutungslos!"

Er verfiel auf die Idee, Hypotheken für bis zu 95 Prozent des Kaufpreises zu vergeben, und zusätzlich weitere 30 Prozent „on top", das heißt ein paar Zehntausend oder gar Hunderttausend als eine Art Taschengeld dazu.

Angesichts unablässig steigender Hauspreise in England explodierte das Wachstum von Northern Rock regelrecht, die Provinzbank kam auf unglaubliche 20 Prozent Marktanteil - bis es schließlich seit 1865 den ersten „Run" auf eine englische Bank gab. Das war in 2008.

Inzwischen hatten „ganze Armeen von Applegarths" (Buchtext) den amerikanischen Hypothekenmarkt aufgerollt, und unsere moderne Version einer „Südsee-Blase" oder „Tulpen-Manie" war da. Applegarth wohnt übrigens noch heute in seinem Schloss samt teurem Fuhrpark, und auch die Geliebte behielt ihre Villen. Das wäre zu Zeiten von Samuel Pepys berühmten Tagebüchern anders gewesen.

Bis hier ist alles nur schnöde Bankenkritik! Zum Abschluss deshalb den neuesten englischen Krimi. Das Land des Nebels und der Hochmoore liefert doch noch immer die besten Kriminalgeschichten:

Als wir am Donnerstag auf Londons nördlichem Flughafen Stansted landeten, geisterte gerade durch die Presse, dass am Vortag eine 56-jährige Frau festgenommen worden sei, weil ein 80-jähriger Witwer, mit dem sie sich angefreundet hatte, nach seinem Einzug bei ihr und dem vorherigen Verkauf seines Hauses für 360.000 Pfund nicht mehr gesehen worden war.

Einen Tag später nahm man ihren Sohn in Gewahrsam, nachdem er sich in Widersprüche verwickelt hatte. Als wir am folgenden Sonntag von Londons südlichem Flughafen Gatwick wieder abflogen, hatte man schon nach nur wenigen Spatenstichen die frisch eingebuddelte Leiche des Vermissten in dessen Garten gefunden.

In der Tat - was ist eine Patricia Highsmith oder Agatha Christie gegen diese Realität eines tatsächlichen, richtig gruseligen englischen Mordfalls?

45. Wie ich entdeckte, dass Engländerinnen keineswegs spröde sind

Hat Londons neuester Flughafen Gatwick womöglich die größte Duty-Free-Shop-Fläche der Welt? Auf jeden Fall liefert diese gigantische Verkaufsfläche den Beweis dafür, dass die Briten in Punkto Tourismus-Industrie hellwach sind.

Der wirtschaftliche Gewinn der „Firma" (wie die Royals sich inzwischen längst nennen) für den Tourismus wurde unlängst von einem findigen Reporter mit unglaublichen zwei Milliarden Pfund pro Jahr errechnet.

Aber der Grund unserer Reise im Dezember 2014 war kein touristischer, sondern ein Interview mit Andy, der künftig den Südosten Englands als Verkaufsingenieur übernehmen sollte. Dort lag eine Kaufkraft, die nur noch von Groß-London übertroffen wurde.

Wir trafen uns am Ausgang von Gatwick, und obwohl Andys Mails etwas wirr gewesen waren, nahm uns der freundliche Hüne sofort und charmant in Empfang. Die hohe Kunst der englischen Diplomatie beherrschte er: Zuvorkommend und extrem hilfsbereit zu sein und zeitgleich immer ein Flachsen auf der Zunge zu haben.

Bei einer späteren Kundentour entdeckten wir unser gemeinsames Faible für Geschichte. Zwischen Kundenbesuchen zeigte mir Andy eifrig historische Sehenswürdigkeiten. Beim Fotografieren von Churchills ehemaligem Wohnsitz zerriss ich mir leider an einer Brombeerhecke den Mantel, als ich einen Steilhang hinaufkletterte, um einen Blick hinter seine Mauern zu erhaschen. Ein ungewöhnliches Souvenir… aber ich habe den Mantel noch heute.

Im Verlauf dieses Besuchs trafen wir auch unser Londoner Vertreter-Duo Jim und Jayne. Beide haben Familie. Jim ist ein eher behäbiger Typ, aber auf ein so raffiniertes Kompliment wie sein gemailtes: „Meet you and your great Lady!" (Obwohl er Ingvild gar nicht kannte!) muss man erstmal kommen! Jayne dagegen besaß die Garderobe eines Filmstars - bei jedem Frühstück blieb mir vor Bewunderung der Atem weg, und ich sparte nicht mit Komplimenten.

Zum Schluss ließen es sich Jim und Jayne nicht nehmen (aus Neugier?), uns zu unseren kanadischen Freunden nach Nord-London zu chauffieren. Diese einstündige Autofahrt sorgte für die größte Ernüchterung auf der gesamten Reise. Ein geradezu erschreckendes Straßengewirr ohne Hauptstraßen oder wenigstens eine einzige längere Strecke geradeaus. Londons Taxifahrer können einem sehr leidtun!

Hampstead ist, weil höher gelegen, Londons Villenviertel mit der besten Luft, kurz vor einem Heath genannten Wäldchen, eine Kleinversion von Berlins Grunewald. Hier soll es die gleichen Rekordpreise für Immobilien wie in Mayfair und Kensington geben, nur ohne Oligarchen oder Ölscheichs.

Bill zeigte mir eine versteckte, breite und kurze Straße, die nicht einmal asphaltiert war und Londons teuerste Straße überhaupt sein soll. Zu meiner Verblüffung hatte mein Millionärsfreund die Preise sämtlicher Häuser nahe seinem Londoner Zweitwohnsitz im Kopf!

Als Höhepunkt unseres Besuches hatten unsere Freunde einen Schubert Liederabend in der nahen Kirche vorgesehen. Als wir in der Pause zu viert gemeinsam mit der Leiterin des Abends ein Glas Wein tranken und dabei auch über den englischen Tenor sprachen, erwähnte ich beiläufig, dass er außerordentlich gutaussehend sei.

Daraufhin stürzte urplötzlich die etwas 50-jährige, leicht rundliche Leiterin, mit dem Weinglas in der Hand auf mich zu: „Isn´t he?" (Das ist er, nicht wahr?), ausrufend. Es gelang mir gerade noch, einen Zusammenprall und damit verschütteten Wein zu vermeiden.

Niemand sage also, dass Engländerinnen spröde seien!

46. Ein dramatischer „High Noon" in der Lombardei

Einer unserer Lieferanten östlich von Mailand war insolvent geworden. Wir mussten unbedingt die uns gehörenden Werkzeuge herausholen, schuldeten dem Werk aber gleichzeitig die Bezahlung der letzten beiden Lieferungen im Wert von insgesamt 10.000 Euro.

Einen Masterplan dafür entwarf unser langjähriger Strategieberater, ein überaus erfahrener Unternehmer. Wir wollten gegen die trickreichen Italiener nicht den Kürzeren zu ziehen:

1. Sagen Sie Bescheid, dass Sie persönlich kommen werden, um die Werkzeuge abzuholen, ohne dabei die noch offenen Rechnungen zu erwähnen.
2. Haben Sie zwei Schecks für diese Rechnungen sowie die Belege für die Eigentumsrechte an den Werkzeugen dabei.
3. Erwähnen Sie nicht, dass Ihre Ehefrau Italienisch versteht.
4. Fahren Sie mit einem Lieferwagen auf das Werksgelände und bitten Sie den Fahrer, im Auto zu bleiben.

5. Wenn der Insolvenzverwalter an die (bereits angemahnten) Rechnungen erinnern sollte, sagen Sie ihm, er bekäme die beiden Schecks, sobald der LKW beladen sei.

Tatsächlich lief der Tag dann folgendermaßen ab: Der Fahrer des Lieferwagens war der ehemalige Werksleiter, der mit neuen Partnern inzwischen eine Halle für die neue Produktion nahe dem Gardasee gemietet hatte - darin sind italienische Unternehmer unglaublich beweglich!

Er hatte keine Probleme, die Werkzeuge gegen Quittung herauszugeben, da er ja bestens bekannt war. Es wurden ihm auch keine Fragen gestellt, und der Insolvenzverwalter war abwesend. Der neue Werksleiter, der seine Landsleute kannte, riet uns dringend, die Schecks erstmal wieder mitzunehmen.

Und tatsächlich: Ein paar Wochen später wollte der Insolvenz-Verwalter die Werkzeuge vom Gardasee wieder zurückholen lassen, da er unsere Eigentumsrechte nicht anerkenne.

Es bedurfte einer zweiten Italien-Reise, diesmal alleine. Wir tauschten die beiden Schecks gegen eine schriftliche Verzichtserklärung des Insolvenzverwalters auf die Werkzeuge.

Ohne jeden Zweifel war der entscheidende Schachzug in diesem transnationalen Geschäft, die beiden Rechnungen NICHT zu bezahlen, bis wir eine schriftliche Anerkennung unserer Rechte an den Werkzeugen in Händen hielten. Alles andere wäre unvermeidlich in gerichtliche Auseinandersetzungen gemündet, in denen wir als Ausländer vor italienischen Gerichten die schlechteren Karten gehabt hätten.

47. Das Aufstellen der Ibsen-Statue genau abgepasst

Meine Zeitungslektüre auf dem Frühflug nach Oslo war noch nicht beendet, als Ingvild (übrigens ein alter Wikinger-Name) plötzlich ausrief: „Schau mal, das sind gar keine Wölkchen, das sind Inseln!"

Tatsächlich, beim Anflug auf Norwegens Hauptstadt gab es tief unter uns Interessantes zu sehen. Das nach dem Überflug der Nordsee beginnende Festland war von langen Bodenwellen geprägt. Die weit verstreuten Siedlungen machten sofort klar, dass dieses Land - analog zu Schweden und damit Kanada ähnlich - viel dünner als Deutschland besiedelt war.

Wir hatten diese Tagesreise unternommen, weil unser mit Abstand größter Einzelkunde in Norwegen, der Importeur Persson & Co. nach zuletzt schrumpfenden Bestellungen und ungewohnt zögerlicher Bezahlung im Frühsommer 2013 völlig überraschend die Schließung seiner Firma angekündigt hatte - eine Nachricht, die bei uns wie eine Bombe einschlug.

Die sechzigjährigen Persson-Schwestern waren den Sirenengesängen der Investoren in Europa zweitteuerstem Immobilienstandort (nach London) gefolgt und hatten das gewaltige Gründerzeit-Eckhaus in Oslos Innenstadt verkauft.

Warum kauften die Perssons nicht, wie längst alle anderen europäischen Sanitär-Importeure in China ein, sondern hielten italienischen Werken (und uns) die Treue. Das fragte ich mich seit Jahren. Eine mögliche Erklärung war, dass der vor zwei Jahren pensionierte, herrische Geschäftsführer (eine richtige norwegische „Eiche") zwar Deutsch, aber kein Englisch sprach. Glück für uns, Pech für seinen Arbeitgeber, der seit Jahren Verluste machte, wie wir erst jetzt erfuhren.

Der Besuch des jugendlich lässigen Sohnes und des Verkaufsleiters brachte ruppige, alte Wikinger-Eigenschaften zum Vorschein. Die auf Schweizer Privatschulen erzogene Persson-Eigentümerin würdigte uns kaum eines Blickes. Auf die Idee, uns zum Essen zu begleiten, kam niemand. Weil der Verkaufsleiter jedoch Interesse zeigte, unser Nachfolger zu werden (eine Luftnummer, wie sich später herausstellte), besuchten wir aus Höflichkeit keinen Konkurrenten, da sich das sofort herumsprechen würde.

Jetzt hatten wir Gelegenheit, den Hebel auf Tourismus umzulegen und Oslos Einwohner zu kennenzulernen. An diesem wunderschönen Freitagnachmittag schien halb Oslo auf den Beinen zu sein. Wir begaben uns zum Prachtboulevard der Stadt, der zum Königsschloss ansteigenden Karl Johans Gate, eine Art norwegische Champs-Élysées ohne Autos.

Schon am Flughafen fielen mir die schönen, norwegischen Blondinen auf. Hautenge, schwarze Strumpfhosen mit möglichst knappen Jacken, Mäntelchen, Pullovern oder Hemden darüber waren offensichtlich der letzte Schrei in Oslo.

Ingvild kam auf dem Rückflug von selbst auf das Thema (Ich hatte die Anblicke einfach schweigend genossen!) und bezeichnete die jungen Norwegerinnen als sich „am Rande der Pornographie" kleidend. Die Männer könnten die Körper der Frauen „fast vollständig scannen", wie sie es ausdrückte. Ich war einmal mehr sprachlos über den Scharfblick und die Formulierungskunst meiner besseren Hälfte!

Endstation unseres ausgedehnten Spazierganges war - wie schon vor vier Jahren - Henrik Ibsens letzte Wohnung, inzwischen ein zauberhaftes kleines Museum über zwei Etagen. Des Landes größter Sohn, nach Shakespeare der meistgespielte Dramatiker der Welt, hatte uns in früheren Jahren so begeistert, dass wir seine scharfsinnigen Ehekriegs-Dramen sogar auf gemeinsamen Geschäftsreisen besuchten. Der Zufall wollte es, dass wir beim Museum just

in dem Moment ankamen, als davor mit Hilfe eines Krans eine neue
Statue – Ibsen im Sitzen – aufgestellt wurde.

Keine Auslandsreise ohne zumindest ein neues Buch. Aber diesmal wollte
mein seit langen Jahren gepflegte Ritual nicht gelingen. Der unbedingte Wille
der Norweger zur Eigenständigkeit (kein Wunder, nach eintausend Jahren
Fremdherrschaft abwechselnd durch Schweden oder Dänemark!) hatte zur
Folge, dass es selbst in Oslos größtem Buchladen nicht ein einziges Buch auf
Deutsch oder Englisch gab.

Schließlich wurde ich doch fündig, nur Minuten vor dem Abflug. Am Airport
entdeckte ich die brillante Biographie „Helena Rubenstein, The Woman who
Invented Beauty", von Michèle Fitoussi, einer Journalistin der Zeitschrift
„Elle". Der Beginn des Buches erzählte von der Auswanderung
der 24-jährigen polnischen Jüdin nach Australien.

48. Der amerikanische Schulden-Student im Osloer Airport-Express

Unser Abschiedsbesuch bei unserem vormals größten Einzelkunden in
Europa, der inzwischen geschlossen hat, war vorbei. Es ging zum Flughafen.

Im Airport-Express kamen wir ins Gespräch mit einem überaus sympathischen jungen Amerikaner, der seines Zeichens Architektur-Student der
Elite-Universität Columbia in New York war. Als sogenannter Graduate
Student, das heißt vor Abschluss des Masters, hatte er aktuell ein Projekt
in Oslo zu betreuen.

Uns standen buchstäblich die Haare zu Berge, als wir erfuhren, dass er zu diesem Zeitpunkt bereits mit 160.000 Dollar Studiengebühren verschuldet war und ihn das soeben begonnene Semester ihn weitere 40.000 kosten würde. Eine Hälfte verlieh der Staat, die andere Banken.

Die Verschuldung von Studenten hat in den USA Ausmaße angenommen, dass in der Finanzwirtschaft die Rede davon ist, dass die aufgelaufenen Studienkredite die „Blase" sein könnte, die den nächsten Finanzcrash verursacht.

Mit anderen Worten, „Amerika ist ungeniert elitär geblieben" (Johannes Groß) und bildet an sich keine wirkliche Demokratie, sondern wie in der tausendjährigen Geschichte Venedigs eine Oligarchie.

In Venedig konnten nur Mitglieder des Adels in Regierungsämter gewählt werden. Im heutigen Amerika sind es aufgrund der horrenden Wahlkampfkosten nur Millionäre oder von Millionären unterstützte Bürger.

Die Durchlässigkeit ist entgegen aller Behauptungen somit fast null, der Aufstieg von unten gelingt nur außergewöhnlichen Begabungen. Dann allerdings ist infolge der viel größeren Verfügbarkeit von Wagniskapital der Aufstieg nach ganz oben eher möglich als in Europa, siehe die Studienabbrecher Bill Gates, Steve Jobs und andere.

Deshalb, so sympathisch uns der junge Amerikaner auch war, bezeichnete ihn Ingvild später als „Hochstapler". Ich fand das ungerecht, hielt ihn nur für sehr ehrgeizig, allerdings mit dem Risiko, dass er finanziell irgendwann unter die Räder kommen könnte.

Welch ein Kontrast zu Deutschland, wo vor ein paar Jahren der vorsichtige Versuch, geringe Studiengebühren in einem Bundesland wieder einzuführen, auf politischen Druck hin bald zurückgenommen werden musste.
Was kostenlos ist, wird meist nicht besonders geschätzt!

49. Ein IQ von 143 auf dem Sitzplatz neben mir

Auf einem Rückflug von Kopenhagen nach Berlin ergab sich der sicher bewegendste Moment der gesamten Geschäftsreise. Neben mir auf dem Platz zum Gang hin nahm als letzter Passagier eine wunderschöne und temperamentvolle südkoreanische Studentin, ganze 21 Jahre alt, Platz.

Shimin absolvierte derzeit ein Studienjahr an der Uni Kopenhagen, hatte soeben ihre Prüfungen beendet und wollte sich mit einer Freundin Berlin anschauen – bewaffnet mit Notizblock sowie einer großen Nikon-Kamera auf ihrem Schoß, keiner simplen digitalen.

Ihr Interesse dazuzulernen, war genauso überwältigend wie bei meinen jungen chinesischen Geschäftspartnern, aber in diesem Fall ergänzt durch die unübersehbare Erziehung einer Tochter aus gutem Hause, ihr Vater war Einkaufschef bei Hyundai Motors. Aktuell in Seoul lebte die Familie zuvor Jahre in Shanghai, wo sie gemeinsam mit ihrem Bruder die International School besuchte.

Da Shimin „Business and Industrial Design" studierte, erwähnte ich ein paar neuere Erkenntnisse zum Thema, über die ich in letzter Zeit gelesen hatte. Zum Beispiel dieses erstaunliche Picasso-Zitat: „Wieso Genie? Ich wandle doch nur die Leistungen meiner Kollegen ab!". Oder dieses aus einem kürzlich gelesenen Harvard-Buch: „Take an idea and make it your own – execution is the key!" („Greif dir eine Idee und mache sie zu deiner. Der Schlüssel zum Erfolg liegt in der Umsetzung".)

Sie war von meiner Bereitschaft zur Weitergabe von Wissen überwältigt und rief aus „I have to write this down in the hotel right away!". Dabei stellte sich heraus, dass die junge Frau aus dem Land, das in Gestalt seines Vorzeige-Unternehmens Samsung den bisher allmächtigen Apple-Konzern begonnen hat das Fürchten zu lehren, einen IQ von 143 hat – der höchste der mir je begegnet ist.

Haben wir satten und bequem gewordenen Europäer auf Dauer überhaupt eine Chance gegen den überbordenden Fleiß und den vehementen Aufstiegswillen der begabten asiatischen Völker? Meines Erachtens nicht wirklich…

Ich riet meiner Nachbarin auch, unbedingt ein Jahr USA einzuschieben, um zu erleben, wie der dortigen Jugend von Anfang an ein unerschütterliches Selbstvertrauen eingeimpft wird. Als Beispiele erwähnte ich den „goldenen Stern" neben der Eins in Mathe für unseren 9-jährigen Sohn Bernd, die er in Toronto bekam. In Oldenburg weinte er vor Zorn, weil es „unmöglich" war, eine Eins zu ergattern, immer fand der Lehrer etwas zu mäkeln...

Oder seine niederschmetternde Behandlung als „Arzt-Lehrling" durch seine Vorgesetzten, als er es bei der Medizin-Geräte Vorführung einer amerikanischen Firma in seinem Lehrkrankenhaus wagte, sein flüssiges Englisch einzusetzen und seine Chefs damit indirekt blamierte. Daraufhin wurde er von diesen tagelang angeschwiegen. Wie unendlich traurig!

Restlos platt war die angehende Akademikerin aber von meinem Rat, sich besser eine raffinierte Strategie auszudenken, um sich den bestmöglichen Ehemann zu „kapern". Denn wir Männer hatten halt nach wie vor die bei weitem besseren Berufschancen. Dann müsste sie auch nicht den Rest ihres Lebens derart „schuften".

Wie hob sich diese erstaunliche Asiatin gegenüber der Gruppe lautstarker (uns an eine Rugby-Mannschaft erinnernde) amerikanischen Philosophy-Doktoranden (Ph.D.) beim Frühstück im Hotel von Odense ab? Indem sie sich, schon im Gang stehend, weit herüberbeugte, um sich mit ihrem strahlendsten Lächeln auch von Ingvild per Handschlag zu verabschieden.

50. Der von unseren zwei Pariser Online-Shops entfesselte Wirtschaftskrieg

Ich musste endlich unseren hocherfolgreichen neuen französischen Online-Shop (vom langjährigen Pariser Vertreter vermittelt) kennenlernen. Er war für uns einer der wenigen Lichtblicke in dem sich für uns immer mehr verdüsternden Markt.

Im Lufthansa Frühflug saß nur einziger Passagier in der Kabine mit etwa vierzig Plätzen der 1. Klasse - ein noch junger Mann mit gelber Weste. Auch im Rest des Fliegers waren im Gegensatz zu Easyjet Touristen die Ausnahme.

Auf der Messe gab es gleich eine brenzlige Situation zu meistern: Keine zehn Meter entfernt von dem Messestand, an dem ich unseren Paris-Vertreter treffen sollte, hatte ausgerechnet eines unserer wichtigsten chinesischen Lieferwerke seinen kleinen Stand - ich musste lediglich zweimal um eine Ecke gehen!

Ich erledigte deshalb meinen von großem Hallo und Umarmung mit Eric begleiteten Besuch bei meinen chinesischen Geschäftspartnern zuerst. Danach ging's zu unserem derzeit erfolgreichsten Vertreter – Thierry. Etwas rundlicher war er, sein jungenhafter Charme nicht mehr so jungenhaft, aber der rasende Redefluss des Parisers war der mir wohl vertraute.

Als große Überraschung erwies sich Pierre. Er führte einen raketengleich erfolgreichen Online-Shop für Luxus-Badeinrichtungen, diskret als „haut de gamme" (obere Preisklasse) bezeichnet. Dieser Macher sah mit Tropenjacke, Umhängetasche und leichtem Backenbart eher aus wie ein Anden-Tourist und nicht wie ein fulminant erfolgreicher Geschäftsmann.

Ein Leben lang haben mich Überflieger fasziniert, und ich habe versucht von ihnen zu lernen. Pierre zeigte sich mit Website-Ratschlägen, die unsere Firma dringend benötigte, nicht kleinlich. Es war unglaublich, wie er unsere Mini-Becken im französischen Google-Ranking ganz weit nach oben gebracht hatte!

Und schon war es an der Zeit, gemeinsam Mittag zu essen. Zu meinem Schrecken stellten sich „meine beiden Franzmänner" tatsächlich ans Ende einer schier endlosen Warteschlange unterhalb einer Treppe. Auf meinen Protest hin kletterte Pierre am rechten Treppenrand nach oben und winkte uns wenig später herauf.

Fast verschämt bedeuteten mir die beiden kultivierten Franzosen: „SB-Restaurants haben in Frankreich nun einmal keinen guten Ruf!"

Herrgott nochmal, wie um alles in der Welt will eine Nation mit dieser Einstellung in der Globalisierung bestehen? Auf einer Messe ist nichts so kostbar wie die verfügbare Zeit?

Zwei Jahre später besuchte ich Pierre bei einer Paris-Reise in seinem Büro. Es befand sich - man glaubt es kaum - in einem alten Wohnhaus der Innenstadt. Ihn unter den etwa 40 Klingelschildern draußen am Eingang zu finden, war nicht einfach. Dann ging es eine enge Treppe zwei Etagen hoch.

Von einem winzigen, nur 20 qm großen Büro hinter einer Küche(!) aus lieferte sich das Online-Genie einen regelrechten „Wirtschaftskrieg" mit dem Pariser Groß- und Einzelhandel, deren Arbeitsplätze dieser Einmann-Betrieb von hier aus unvermeidlich infrage stellte.

Inzwischen war ein zweiter Online-Shop hinzugekommen. Kollege Sylvain mit einem 300 qm großen, nagelneuen Büro- und Lagergebäude vor den

Toren von Paris und einer wunderschönen Ehefrau, die die Finanzen managte, lieferte sich mit Pierre inzwischen ein Kopf-an-Kopf Rennen. Unsere beiden größten Kunden in Europa! Ich hatte einen (für mich gruseligen) Blick in die künftige, von George Orwell und Aldous Huxley beschriebene Welt der Zukunft getan.

Das Erstaunlichste am Erfolg unserer beiden Geschäftspartner war übrigens, dass ihr Verbraucherpreis nicht einen Cent unter dem Preisniveau unserer Pariser Offline-Kunden lag. Eine Deutsch-Pariserin beschwerte sich in der Tat einmal telefonisch, dass sie vergleichbare Handwaschbecken beim führenden deutschen Online-Shop glatt zum halben Preis bekäme!

Ich erkläre Geschäftsfreunden seither einen der Unterschiede zwischen Deutschland und Frankreich an einem simplen Beispiel: Die beiden reichsten Deutschen sind Inhaber von Discounter-Ketten, die beiden reichsten Franzosen dagegen die von Luxuskonzernen! Das erklärt auch, warum das Design-affine Paris unser bester Markt war.

Wir verkaufen aber nun mal weder Gucci noch Hermès Luxusartikel, daher ahnt der geneigte Leser wahrscheinlich, wie's weitergeht. Drei Jahre später erlitten unsere beiden Geschäftspartner einen steilen Absturz, nachdem neu gegründete Online-Shops ihrerseits einen Vernichtungskrieg starteten, indem sie nicht nur unsere besten Designs eins zu eins nachbauten, sondern diese auch ohne Zwischenmänner containerweise vom chinesischen Werk direkt liefern ließen und unsere Preise damit regelrecht halbierten!

Später im Vorortzug zum Flughafen veranschaulichte mir eine bizarre Begebenheit, wie hochproblematisch die Integration von Migranten für Frankreich werden dürfte. Sobald sich der Zug nach einer Station wieder in Bewegung setzte, drückte ein hünenhafter Schwarzer mit dem Daumen ununterbrochen auf den „Öffnen"-Knopf und blickte sich dabei immer wieder herausfordernd um.

Da sich niemand rührte und auch kein Schaffner kam, war ich drauf und dran, den Kerl auf Englisch zu fragen, was er damit bezwecke? Gerade noch rechtzeitig fragte ich mich aber selbst:

„Will ich morgen als zusammengeschlagener „Held" in der Zeitung stehen oder nicht lieber meine Messereise gut zu Ende bringen?"

Ich entschied mich für letzteres und begriff gleichzeitig erstmals, warum unser Pariser Vertreter plötzlich mit dem Auswandern ins kanadische Québec liebäugelte....

51. Im Landhaus der „Jenseits von Afrika" Autorin

Der Anlass der neuen Dänemark-Reise war die Sanitärfachmesse VVS-Messe in Odense, die ich zuletzt 2005 besucht hatte. Ich wollte versuchen, unbedingt einen besseren Importeur zu finden.

Schon im Frühflug nach Kopenhagen spürte ich in Gestalt eines Flugjournal-Interviews mit Kristen Henrikson, dem langjährigen TV-Star der „Wallander" Krimi-Serie, den ersten Hauch von Skandinavien.

Er reise gern nach Berlin und London, den Theater-Hauptstädten Europas. Außer bei den Briten fände er aber nirgendwo das gleiche Wohlbefinden wie daheim: „Wir haben eine gemeinsame Wikinger-Geschichte, die Wikinger sind genau wie wir Schweden!"

Im Zug nach Odense unterhielten wir uns neunzig Minuten mit einer jungen Dänin, die sehr kompetent unsere Fragen über Dänemark beantwortete, während wir an Kopenhagens Schrebergärten vorbei und über windreiches Flachland dahinglitten. Unterwegs sahen wir übrigens nur ein einziges Windrad, dass sich aber geschätzt dreimal schneller als im Schnitt bei uns drehte.

Odenses Altstadt erinnerte mit ihren winzigen Häusern an Bremens berühmtes Schnoor-Viertel, sie war nur viel bescheidener. Die Attraktion schlechthin ist natürlich das Geburtshaus von Dänemarks größtem Sohn – Hans Christian Andersen – in seiner unglaublichen Winzigkeit von nur 18 Quadratmetern.

Beim zweiten Abendsparziergang stießen wir überraschend auf eine Menschenansammlung und erfuhren, dass Dänemarks Lehrer seit zwei Wochen ausgesperrt (!) waren und auch kein Gehalt bekamen. Der Grund: Die Lehrer wollten ihre aus unserer Sicht schon geringe Unterrichtszeit bei gleichem Gehalt weiter reduzieren, damit sie sich besser vorbereiten könnten, wie sie es begründeten.

Sieht man dieses knallharte Verhalten des dänischen Staates gegen seine Gewerkschaften, versteht man, warum unsere überaus pragmatischen und sehr selbstbewussten nördlichen Nachbarn einen Beitritt zum Euro-Raum verweigerten und auch eine weit strengere Asylpolitik verfolgen als Deutschland. Man darf nicht vergessen, dass Dänemark im Mittelalter ganz Skandinavien beherrschte.

Odense scheint deutlich mehr Bio- und Naturkost-Läden als Städte vergleichbarer Größenordnung in Deutschland zu haben. Das Gesundheitsbewusstsein der Dänen zeigt sich auch im Straßenbild: Fahrradwege ohne Ende, kaum überschlanke Mädchen und wenig Übergewichtige.

Bei beiden Frühstücken im Hotel fiel eine Gruppe lautstarker junger Männer aus dem Rahmen - sehr leger und viele übergewichtig. Nein, es war keine Rugby-Mannschaft, hier diskutierten amerikanische Ph.D.-Doktoranden (Doctor of philosophy), die das Berufsziel Universitäts-Professor hatten. Auf unseren Einspruch hin wurde es schlagartig ruhiger.

Zurück in Kopenhagen haben wir in zwei großen Badgeschäften etwas "Industriespionage" betrieben, denn Dänemark ist neben Italien Europas Design-Land Nummer 1. Es soll amerikanische Millionäre geben, die ihre Europa-Reisen grundsätzlich in Illums Bolighus beginnen, Dänemarks führenden Geschäft für Designer-Möbel. Also waren wir auch dort.

Mit dem guten Gefühl das Geschäftliche erledigt zu haben, stöberte ich vor der Weiterreise am kommenden Tag noch ein wenig im Touristikbüro zwischen Hotel und Bahnhof und hielt plötzlich einen Flyer von Tania Blixens Landhaus, nur dreißig Zugminuten nördlich von Kopenhagen gelegen, in der Hand.

Dieser Zugfahrt am nächsten Morgen folgte ein 45-minütiger Fußmarsch. An die besiedelten Teile dieser Gegend grenzte lichter Laubwald. Kurz vor dem Landhaus blieben wir ergriffen vor einer gewaltigen, leicht geneigt liegenden Grabplatte unter einer herrlichen Eiche stehen. Diese Stelle hatte sich die weltberühmte Schriftstellerin für ihre letzte Ruhestätte ausgesucht.

Ihr Alterssitz, ein flaches Landhaus in gewinkelter Form nicht weit vom Meer, ist heute ein Museum. Darin erfuhren wir unter anderem, dass die Eigenschaften, die Robert Redford in seinem wohl schönsten Film („Jenseits von Afrika") verkörperte, exakt mit denen von Blixens (á la Meryl Streep) tatsächlichem Geliebten übereinstimmten.

52. Das Museum in Oslo - Edvard Munch und die Frauen

Es handelte sich um meinen Antrittsbesuch bei unserem neuen, auf der VVS Odense gefundenen, norwegischen Importeur. Schon vor der Landung in Oslo erinnerten Schnee und Weite - aus dem Flugzeug beobachtet - an Kanada, die dunkelroten Holzhäuser mehr an Schweden.

Lars Anderson holte mich am Flughafen ab. Er ist Geschäftsführer und einer von fünf Eigentümern von Norwegens größtem Badgeschäft, weit außerhalb am östlichen Rande von Oslo gelegen.

Unkompliziert wie alle Norweger, denen ich bisher begegnet bin, verstanden wir uns auf Anhieb. Lars war ein positiver Mensch, lachte gern, „bombardierte" seine Gesprächspartner aber gleichzeitig mit einer Fülle von erstaunlich direkten Fragen – unter anderem nach meinem Alter. Meine Antwort: „Das ist Betriebsgeheimnis!"

Leider glaubte auch er, ein etwas rundlicher Mittvierziger, unbedingt der heutigen Teenager-Modeerscheinung von extrem tiefsitzenden Gürteln folgen zu müssen, sodass ich in ständiger Sorge war, der gute Mann könnte seine Hose verlieren!

Auf seinem Auto war ein Ski-Dachkoffer aufgeschnallt. Lars war geschieden und wollte gemeinsam mit seiner Lebensgefährtin seine beiden Töchter im Alter von zehn und fünfzehn Jahren von ihrer Mutter abholen, um mit ihnen gemeinsam am Wochenende Ski zu laufen.

Unser neuer Importeur berichtete, dass sich der Preiskampf in Norwegen in den vergangenen zwei, drei Jahren erheblich verschärft habe. Ich entgegnete, dass dies am Internet liegen müsse. In der Presse hatte kürzlich ein IT-

Professor prognostiziert, dass künftige Verbraucher bereits mit Smartphone „bewaffnet" ins Geschäft kämen und im Beisein der Verkäufer Preisvergleiche mit der Konkurrenz anstellen würden. Lars erzählte, dass er genau dies in seiner Ausstellung erlebt hatte.

Nachdem wir seine stark frequentierte Ausstellung besichtigt und Lars seine erste Bestellung aufgegeben hatte, fuhren wir mit einem Taxi direkt nach Oslo zurück. Bei meiner vierten Oslo-Reise wollte ich endlich das „Munch-Museet" (Edvard-Munch-Museum) kennenlernen.

Der elegante und gebildete junge Taxifahrer aus Pakistan freute sich über meine Diskutierfreudigkeit. 95 Prozent seiner Fahrgäste würden außer dem gewünschten Fahrtziel keinen Ton weitersagen. Was für ein trauriges Kapitel!

Das Munch-Museum überraschte mit der Vielseitigkeit von Norwegens bedeutendstem Maler. Sein weltberühmtes Gemälde „Der Schrei" - das Original kürzlich zu einem hohen Millionenbetrag verkauft - war sowohl in Farbe als auch in Schwarzweiß zu sehen und ist in Munchs Berliner Zeit entstanden. Er lebte auch mehrere Jahre in Paris.

Zieht man die Zahl der Gemälde-Sujets heran, hatte es Munch das schöne Geschlecht angetan, vielleicht nicht so ausgeprägt wie bei Picasso. Frappierend schön waren die drei Versionen von „Die Hände" – ein Beleg für die Faszination des ewig Weiblichen auf Männer.

Eins der Bilder zeigt eine halb bekleidete Frau, umgeben von einem Dutzend Männer, die alle die Hände nach ihr ausstrecken und auf einem Bild sogar Zylinder tragen. Leider existiert diese Version in keinem Katalog und auch nicht als Postkarte. Seine Betrachtung bleibt ausnahmsweise exklusiv den Museumsbesuchern vorbehalten.

53. Ein wenig Marco Polo - 11 Begegnungen auf einer China-Reise

Die bekannte „Canton Fair" ist Asiens größte Exportmesse. Nach meinem dortigen Besuch im Juli 2012 fuhr ich direkt weiter auf eine zweite Fachmesse in Hongkong. Ein Berliner Freund empfahl mir, beim nächsten Mal alle Reisenachbarn dahingehend zu informieren, dass der deutsche Geschäftsmann in Wahrheit ein verkappter Reporter sei.
Hier die Begegnungen:

1. Flug nach Istanbul - Turkish Airlines hat die besonders breiten Economy-Plus Sitze, die für die langen Asienflüge vorzüglich geeignet sind. Mein erster Nachbar war ein geschiedener Berliner Rentner, der auf der Rückreise zu seiner neuen thailändischen Ehefrau war. Mein unausgesprochener Gedanke war: Wird so eine Ja-Sagerin als Ehefrau nicht schnell langweilig? Seine Ungeduld: „Was ist bloß mit dem Piloten los?" amüsierte mich. Es war ein prima Gespräch.

2. Flug nach Hongkong - Der Nachbar war diesmal ein türkischer Unternehmer, in der Türkei die Nummer 1 beim Verkauf von Satelliten-Schüsseln. Er trug den herrlichen Namen Suleiman. Er meinte auf meine Frage, die Türkei habe noch immer keine richtige Mittelschicht, es gebe nur Arm und Reich. Seinem Sohn empfahl ich dringend, Amerika zu besuchen, das Land, das bei Innovationen jeder Art fast immer noch die Nummer 1 weltweit ist.

3. Bistro in Hongkong - Die französisch sprechende Frau, die hier ihren Kaffee nahm, entpuppte sich als Chef- Einkäuferin der französischen Baumarktkette Bricorama und hatte ihren Wohnsitz in Shanghai. Ein Jammer, dass sie losmusste, gerade als ich mich niederließ. Wir tauschten hastig Visitenkarten.

4. Bahnhof Guangzhou-Ost - Der brasilianische Importeur, den ich dort traf, war - wie ein Amerikaner - begeisternd unkompliziert, nur bescheidener und etwa 40 Jahre alt. „Ja, ALLE Regierungen in Südamerika sind korrupt!" Und er insistierte, dass Sao Paulo trotz aller Horrormeldungen sicher sei, er wohnt dort schon 13 Jahre.

5. Geldwechseln auf der Messe - Ein zauberhaftes bolivianisches Geschäftsehepaar, beide arbeiteten in der Klimabranche. Er ein Yul Brynner-Typ, sie eine warmherzige Schönheit, ich traf sie bei einem gemeinsamen Mittagessen. Sie suchten eine deutsche Familie für ihre 15-jährige Tochter für einen einjährigen Schüleraustausch. Unser Top-Renommee, dank Alexander v. Humboldt! Wir fliegen danach weiter nach Südkorea.

6. Im Zug zurück nach Hongkong - Ein in Ungarn geborener, eingeschworener Republikaner aus Texas (Türenbranche), wetterte sofort über Obama. Dieser „Sozialist" solle machen, dass er aus dem Weißen Haus verschwände! Er lud mich prompt nach Dallas ein. Die Begegnung veranlasste mich, nach meiner Rückkehr einmal wieder in Tocquevilles Klassiker „Über die Demokratie in Amerika" zu blättern. Dort geht er der lebenslangen Unruhe der Amerikaner etwas auf den Grund. Laut Tocqueville ist das Leben des Durchschnittsamerikaners:

- wie ein sportlicher Wettkampf,
- oder wie eine Zeit der Revolution,
- oder wie ein Tag in einer Schlacht,

das heißt, er schleppt unaufhörlich Ressourcen heran, bis der „Kampf des Lebens" gewonnen sei. Sein FAZIT: Obama wird bestenfalls eine Fußnote der Geschichte sein, und China hat nicht wirklich eine Chance.

7. „Carnegie's Hong Kong" - Und der große Schotte (Andrew Carnegie, Rockefellers Gegenstück in der Stahlindustrie) blickt tatsächlich von der Wand. Ein unauffälliger Gast Mitte fünfzig entpuppte sich als jüdisch-amerikanischer Geschäftsmann mit 20 Angestellten, der mit amerikanischen Frauen einfach nicht klarkam. Deshalb heiratete er in erster Ehe eine Deutsche und in zweiter eine Philippinin (mit beiden hatte er je ein Kind). Seinen Ruhestand plante er mit Ehefrau Nummer 3 in Thailand. Ich staunte über seine Offenheit und aß sogar seine Pizza gern zu Ende. Seinen endlosen Redefluss beendete ich nach zwei dunklen Ales vorsichtshalber lieber.

8. Hotel-Aufzug – Ich begegnete ihm zwei-, dreimal im Aufzug - einem schlanken, hochsympathischen und wie ein Professor aussehenden Hotelgast um die 50. Er war australischer Geschäftsmann. „Nein, bin nicht wegen der Messe hier!" Nach dem Bistro-Pech die zweite Panne, auch er verschwand mir viel zu schnell. Ich hätte ihn in „Harry's Bar" einladen sollen!

9. Hotel-Lobby - Dort saß ein so exaktes, jüngeres Double eines berühmten Schauspielers, dass ich es mir nicht verkneifen konnte, ihn anzusprechen:

    - „Kennen Sie den Burgschauspieler Klaus Maria Brandauer?"
    - „Nein!"
    - „Aber den Film „Jenseits von Afrika" haben Sie bestimmt gesehen?"
    - „Auch nein, es tut mir leid!"
    - „Schauen Sie sich den Film unbedingt an, denn darin spielen Sie den Bösewicht, den schwedischen Baron Blixen!"

Ich verließ einen überraschten und amüsierten, aber keinesfalls verärgerten deutschen Hotelgast, der mich mit Brandauers „chinesischen" Augen verschmitzt anblinzelte.

10. Flug nach Istanbul - Ein algerisches Geschäftsehepaar war auf der Rückreise von einer Messe für Medizingeräte in Shenzhen, einer Stadt, die zwischen Guangzhou und Hongkong liegt. Die CEO-Ehefrau neben mir bestätigte, dass die arabische Welt überzeugt sei, dass 9/11 ein CIA-gesteuerter „Inside-Job" war, um die amerikanische Bevölkerung auf den Irak-Krieg einzustimmen. Langsam beginne ich, den Titel von Robert Kagans Buch „Gefährliche Nation" über Amerikas Geschichte zu begreifen.

11. Flug nach Berlin - Diesmal saß die Ausbildungsleiterin der IHK-Singapur neben mir. Sie war eine richtige „Charmeurin" und große Bewunderin des Stadtstaates: „Ein ganzer Staat mit der gleichen Disziplin und Verantwortung wie in einem Konzern!" Dessen Einordnung als „Diktatur" sei nur neidbasiert. Ihr Ehemann, ein Chinese, investiere in Deutschland. Ihr reizendes „Es war mir eine große Freude!" zum Abschied erklärte ich mir als eine seelische Verwandtschaft zweier ausgewanderter Landsleute.

Ob ich ein klein wenig zu neugierig war? Der Mehrheit der von mir unterwegs Interviewten schienen unsere Gespräche großes Vergnügen zu bereiten, ganz zu schweigen von mir selbst!

54. Blitz-Reise zu Europas Boomtown

Es war ein Jahr vor dem Brexit Referendum, und London platzte aus allen Nähten. Die vielen Kräne und die schwindelerregenden Immobilien-Preise waren nicht mehr zu übersehen.

Wir hatten das große Glück, einen ehemaligen Großkunden wieder gewonnen zu haben. Dessen neuer Chef wollte tatsächlich 14 unserer Designer-Becken in seiner riesigen Badausstellung zeigen. Gleichzeitig plante ich, nach einem neuen (besseren) Vertreter für unsere Waren zu fahnden.

Zu den Überraschungen dieses Tages gehörten dann u. a.:

- Die beste Werbung fürs Christentum, die ich je gesehen hatte: Neben einer Kirche hing eine große Glastafel mit einer Abbildung der Bibel und folgendem Text:
B = Basic, I = Instructions, B = Before, L = Leaving, E = Earth.

- Eine Statue von Ronald Reagan im kleinen Park der Grosvenor Place. Man kann den Pragmatismus und die Fairness der Briten nur bewundern, eine Statue des bei unseren Linken als Kalter Krieger verschrienen US-Präsidenten hätte in Deutschland keine 24 Stunden überlebt.

- Das teuerste Bad-Geschäft der Welt, das „West One Bathrooms", in dem alles, aber auch alles vergoldet oder aus Marmor war, offensichtlich für Oligarchen und Ölscheichs.

- Ein Badgeschäft, das mir unseren eigenen Vertreter als Nachfolger empfahl, woraufhin ich nur mit Mühe die Contenance behielt und ein Pokerface aufsetzte.

- Das bestens gelaufene Gespräch mit dem neuen Chef des großen Badgeschäfts, der mir zum Schluss tatsächlich folgendes Kompliment machte: „Endlich mal ein Besucher der flachsen kann und nicht so ein typisch ernster Deutscher!"

Vor dem Rückflug besuchte ich die Kaufhäuser in der Oxford Street, um interessante Bad-Neuigkeiten zu recherchieren. Auf der Weiterfahrt zur U-Bahn-Station nahm ich kurz den Bus, wo sich ein Gespräch mit einem kultivierten Iraker ergab, der seine Heimat diplomatisch als Mesopotamien bezeichnete, was ich mit „König Nebukadnezar" parieren konnte. Er klagte über Londons Wahnsinnsmieten und meinte, er müsse wohl bald „in die Wüste" zurück.

Ich versuchte ihn aufzumuntern: „Vergessen Sie für einen Moment diese negativen Gedanken und gehen Sie zu Fuß die Oxford Street entlang. Dort finden Sie weibliche „Architektur" sehr phantasiereich verpackt, die wird Sie in ihren „schwebenden" Bewegungen unendlich begeistern!"

„Eigentlich gern, aber solche Beobachtungen sind in unserer Religion strikt verboten!"
„Das muss eine sehr triste, bedrückende Religion sein!"
„Ich werde dafür sorgen, dass Ihre Kritik umgehend in den Himmel gemailt wird!"

In diesem Moment musste ich leider aussteigen.

55. Holländer - die cleversten Geschäftsleute Europas

Nach drei Tagen, in denen Ingvild und ich mit einem Mietwagen kreuz und quer durch Hollands Goudkust – seine westfriesische Goldküste und ihr wirtschaftliches Zentrum Medemblik - gefahren waren, landete unser Flugzeug erst um Mitternacht in Berlin.

Wir hatten versucht, vorhandene Kunden probeweise einmal direkt und ohne Vertreter zu besuchen, nachdem unser bisheriger Agent in die Insolvenz gegangen war. Im Gepäck hatten wir vier neue Design-Muster. Ohne Ingvilds Navigationskünste wäre das nie geglückt. Ich fuhr, sie dirigierte uns mit Karten zu den Kunden-Adressen in dem uns fremden Land. Ein Navi – wie es heute jeder kennt – hatten wir nicht.

Oft fuhren wir fast auf gleicher Höhe mit dem Wasserspiegel der nahen Kanäle. Für uns war es etwas gruselig, für die Holländer normal. Sie haben außerdem viel mehr Kreisverkehre anstelle von Kreuzungen als wir in Deutschland. Wir kamen immer zügig voran.

Der holländische Sanitärmarkt ist dynamischer als alle die wir kannten. Es war nicht schwer zu begreifen, dass dieser ausgeprägte Geschäftssinn Amsterdam zum „New York" des 17. Jahrhunderts machte, während Deutschland gerade den Dreißigjährigen Krieg (1618 bis 1648) durchstand und ein Drittel seiner Bevölkerung verlor.

Weil England die Holländer auch in drei Seeschlachten nicht besiegen konnte, kopierte es einfach deren „Geschäftsmodell": Es verjagte seinen katholischen König und lud den holländischen König ein, doch auch Englands Regent zu werden. Hier zeigte sich der überragende englische Pragmatismus. Von diesem Moment an begann Englands Aufstieg zu einer führenden Weltmacht, selbst wenn sich die beiden Länder bald wieder trennten.

Der wichtigste Besuch dieser Reise: Stellen Sie sich einen 34-jährigen „Dynamo" vor, der im Hummer-Jeep durchs Land braust und mit seinem Franchise-System bereits ein Viertel des Marktes aufgerollt hat. Nimmt er sich tatsächlich die Zeit, einem Geschäftsehepaar, dessen Terminplan zu knapp für einen Restaurant-Besuch ist, höchst selbst in seinem Büro Erdnussbutter auf Toastscheiben zu streichen? Bei uns ist das schwer vorstellbar, in Holland so geschehen!

Im Vergleich zu Deutschland hat Holland trotz allen florierenden Unternehmertums unerbittlichere Sozialgesetze. Ein feiner älterer Herr, dessen Firma bei Rotterdam das Wasser bis zum Hals stand, beklagte sich bitter, dass ihm das Arbeitsamt zwei betriebsbedingte Kündigungen nicht genehmigen wollte. Ein Jahr später musste er Insolvenz anmelden.

Den Haag hatte ich mir immer als biedere Beamtenstadt ähnlich wie Bonn oder Bern vorgestellt. Diese Vorstellung habe ich sofort begraben, als ich die an Frankfurt/Main erinnernden Bürotürme von Hollands Regierungssitz auftauchen sah.

Übrigens, Den Haag klingt auf Deutsch wie „Den Hach". Radfahrer haben hier die putzige Bezeichnung „Fietsers". Fußgänger sind - genauso wie in Amsterdam mit seinen 900.000 Fahrrädern oder auch in Berlin – eine bedrohte Spezies.

Unterwegs beobachteten wir: Die alles beherrschende Industrie sind Gewächshäuser. In der Provinz gehört zu fast jedem Haus auch ein Boot, so dicht ist das Kanalnetz. Da viele Häuser von Wasser umgeben sind, ist die Mückenplage kaum erträglich. Amsterdams Vorort Amstelveen soll Hollands wohlhabendste Stadt sein. Die üppige Hoteliers-Frau dort hatte einen so machohaften Adonis als Lover, dass sie es an der Sorgfalt ihren Gästen gegenüber schon etwas fehlen ließ. Kurzzeitig hat man für so etwas ja Verständnis…

Das Ergebnis dieser Reise? Sofort nach der Rückkehr begannen wir, einen neuen Vertreter zu suchen, weil sich herausgestellt hatte, dass die direkte, persönliche Pflege eines so wichtigen Marktes einfach nicht zu leisten ist…

56. James Bond Autos im belgischen Dauerregen

Man nehme folgende Zutaten:

1. Ein Eisenbahner-Streit in ganz Belgien
2. Verkehrsstaus schier ohne Ende
3. Zwei Tage Dauerregen, an der Küste Sturm
4. Der Vertreter mit einem Arm in der Schlinge (Schulter-Operation)
5. Ein 40 cm langer Riss in der Windschutzscheibe des Beifahrers
6. Eine Besenstange zum Offenhalten des Kofferraums
7. Ein Raucher, der für windigen Durchzug im Auto sorgt
8. Ein Fahrer, der beim ständigen Hantieren mit Smartphone, Anzünder und Ladekabel bei 140 km/h schon mal freihändig fährt
9. Kunden, die sich weigern, Französisch zu sprechen, kein Deutsch können und nur rudimentär Englisch

Wetten, dass bei einer derartigen Ansammlung von Katastrophen die gesamte Reise ein Desaster von A bis Z werden musste, bzw. ein typischer Verkaufsleiter sie besser gleich komplett abgesagt hätte?

Leider falsch gewettet, es wurde die erfolgreichste Benesan-Geschäftsreise der letzten Jahre! Ja, zweimal glaubte ich sogar mich verhört zu haben, weil gleich ZWEI Geschäftsführer davon sprachen, unsere beiden teuersten Becken palettenweise bestellen zu wollen!

Erklären lässt sich das Ganze leider nicht, aber zu Ihrer Unterhaltung hier noch ein paar Bonbons dieser, gegen die unmöglichsten Widerstände durchgekämpften zwei Tage in Flandern (acht im Dreieck Gent-Oostende-De Panne besuchte Kunden):

Der etwas heruntergekommene, ehemalige Schwimmstar (Olympia-Teilnahme für Belgien) zeigte einen gewissen, nuschelnden Charme beim Einreden auf die Kunden. Wenn ich hinter ihm ging, hob mich seine Dreiecksfigur mit den riesigen Schultern und den Mini-Hüften schier aus den Schuhen! Wie - um alles in der Welt - sollte eine Frau einem derartigen Apoll widerstehen können?

Nachdem die Stimmung unterwegs den Bereich der Euphorie zu tangieren begann, musste am zweiten Tage zum Lunch natürlich das beste Steakhouse an der belgischen Küste her, ich konnte es ihm schlecht abschlagen. Laut Stephane ist das „De Mikke" (www.demikke.be) in Oostduinkerke (De Mikke soll „an der Scheune" heißen") eins der wenigen Restaurants in Belgien, die es sich leisten können, Reservierungen nicht zu gestatten.

Die belgische Gesellschaft scheint wesentlich neidfreier als die deutsche zu sein. Zu meiner größten Überraschung gab es bei zwei verschiedenen Kunden jeweils ein krasses Exoten-Auto des Inhaber-Geschäftsführers zu bestaunen, einmal einen Lotus und einmal einen Aston Martin mit James Bond Ruhm, die ich beide nie zuvor gesehen hatte! Ganz offensichtlich halten deren Fahrer einen Porsche oder Maserati als etwas für die Massen und wollen sich unbedingt davon absetzen. Auf jeden Fall unvorstellbar, diese beiden „Raketen" jemals auf einem deutschen Firmenparkplatz zu sehen!

Der einzige Tourist, dem ich tatsächlich begegnete, war ein ca. 60-jähriger Rheinländer, passiert beim morgendlichen Zeitungholen gegenüber dem Hotel in Koksijde. Er sei gerade aus England zurück, wo das Wetter „noch schlechter" wäre. Und schien erstaunt, dass ich in diesem Küstenort geschäftlich unterwegs war. Nicht auf den Mund gefallen konterte er: „Dann besuchen Sie als Großhändler Middelkerk"?

Was halten Sie von dem flämischen Straßennahmen „Torhoutsesteenweg"? Oder dem Satz: „Ontdek snel de openingspromoties!" „Verkocht" hat übrigens nichts mit kochen zu tun, sondern bedeutet „Verkauft." Derartige Hinweise gab es in Oostende auf zahlreichen Schildern von Immobilien-Maklern.

Da die Belgier (im Gegensatz zu den Holländern) nur höchst selten Deutsch sprechen, und Französisch bei den Flamen verpönt ist, ich aber kein Flämisch spreche, liefen bizarrerweise die Gespräche mit den Kunden fast immer auf Englisch ab. Für mich sind deshalb die Belgier die vielseitigsten Sprachvirtuosen der Welt!

Tja, auf dem Weg zu zwei Kunden in Ostende, sah ich doch tatsächlich das Schild „Bredene"! In diesem winzigen Badeort rannten Ingvild und ich im Herbst 1963, kurz nach meiner Versetzung im Trane-Konzern von Frankfurt nach Brüssel, voller Begeisterung den im Nebel hörbaren Meereswellen entgegen.

Es war mein erstes Wiedersehen mit der Nordsee, seit das Auswandererschiff Beverbrae am 1. Dezember 1949 in Bremerhaven die Anker gelichtet hatte.

57. Côte d´Azur – im Land der Reichen und Schönen

Seit einem Jahr hatten wir einen durch andere Firmen völlig überlasteten Vertreter an der französischen Mittelmeerküste, die nach Paris das zweitgrößte Marktpotential für uns bot. Mir war endgültig der Kragen geplatzt, ich hatte mich mit einem potentiellen Nachfolger vor Ort verabredet.

Kino pur: Der Landeanflug auf Nizza
Es war gegen 19 Uhr bei strahlendem Wetter. Der Pilot blieb stumm, alles döste oder las Zeitung. Trotz meines Gangplatzes stellte ich plötzlich fest, dass unter uns Wasser war. Ich glitt direkt auf den leeren Fensterplatz und erblickte unten zu meiner Verblüffung Monte Carlo!

Schnell verblasste das Miniatur-Manhattan, jetzt tauchte der wahre „Sitz der Götter" auf – Cap Ferrat, eine drei Kilometer lange, schmale Halbinsel, die zwischen Nizza und Monaco ins Meer ragt.

Ich wusste, dass sich dort die Alterssitze sowohl vom Großmeister der Short Story, Somerset Maugham als auch von Winston Churchill befunden haben. Jetzt soll hier ein Gemisch aus Franzosen (die Rothschilds), Italienern und russischen Oligarchen leben. Und im Altertum angeblich Jupiter persönlich…

Schon flachte das Gebirge ab und machte Platz für die Großstadt Nizza. Ihre Prachtstraße, der „Boulevard des Anglais", war sogar mit bloßem Auge erkennbar. Der Flughafen, ganz am westlichen Ende von Nizza, zeigte sich größer als gedacht und beherbergte mehr Privat-Jets als Stuttgart mit seinen vielen schwäbischen Weltmarktführern. Monacos Superreiche müssen schließlich irgendwo in die Luft aufsteigen können.

Die Passagiere verließen zumeist schweigend den Flieger. Wie immer konnte ich nicht an mich halten, ging als Letzter und bedankte mich überschwänglich beim Piloten für die superbe „Kinovorführung" aus großer Höhe. Ich hätte seine Schuhe küssen mögen, hielt mich aber zurück. Ähnlich dramatisch ist meines Erachtens nur noch der Anflug auf Hongkong.

Kreuz und quer im Straßen-Dschungel der „Côte"

Der Südfranzose spricht „-ant" Endungen anders aus als die Pariser, was sogar mir auffällt. Monsieur Abad war ein angenehmer Zeitgenosse mit kleinem Schnauzbart, der seine Kunden in Grund und Boden redete. Die Verkehrslage in Nizza war für mich derart verwirrend, dass ich den Mietwagen gleich wieder abbestellte und mich für den dritten und vierten Tag auf Zug- und Taxifahren verlegte. Abad sagte, dass er, außer in dringenden Fällen, zwischen Juni und September keine Kunden besuchte.

Cannes hat etwa 70.000 Einwohner und ist überschaubarer als Nizza mit seiner halben Million davon. Die Stadt hat eine schmale Altstadt, ein Kongresszentrum, einen riesigen Yachthafen und einen langen Strand, an dem man 14 Euro pro Tag für einen Liegestuhl mit kleinem Sonnenschirm zahlt. Aus Zahlen der IHK Côte d´Azur geht hervor, dass für die Stadt das Shopping der Touristen noch wichtiger ist als der Badestrand und inzwischen mehr als Milliarde Euro Einkünfte jährlich ausmacht. Ein Großunternehmer klagte gar, dass das kürzliche Verbot für Geschäfte, 1.000-Euroscheine anzunehmen, den Umsatz einiger Geschäfte um 30 bis 40 Prozent abstürzen ließ. Das spricht wohl für die besondere Art der Kundschaft dort.

Am dritten Tag besuchte ich auf eigene Faust das östlich von Cannes gelegene, fast gleich große Antibes, ebenfalls mit riesigem Yachthafen, aber interessanter aufgeteilt. Antibes ist gemütlicher als Cannes und hat eine große, italienisch anmutende Altstadt. Dort fand gerade die nach Paris größte Kunst- und Antiquitätenmesse statt. Ich konnte einige bemerkenswerte Gespräche mit den Ausstellern an ihren kleinen Ständen führen.

Neben unseren Geschäftsbesuchen servierte mir Monsieur Abad allerdings ein ganz besonderes Bonbon: Der Zufall wollte es, dass wir einen Kunden am Ostrand von Nizza aufsuchten, wo die Vororte Villefranche-sur-Mer und Beaulieu-sur-Mer liegen, und auch die Halbinsel Cap Ferrat beginnt.

Die Landschaft gleicht der Schweiz. Es gibt stark ansteigende Hänge, auf deren Serpentinen man sein Auto hoch und wieder herunter balancieren muss. Hier am Hang des Gebirges in Richtung Monaco soll die Hautevolee von Nizza residieren, die für Apartments Preise ab 10.000 Euro pro Quadratmeter (in Cannes ab 7.000 Euro) zahlen kann, damit mit den teuersten Arrondissements von Paris gleichzieht und just aus diesem Grund auch das Marktpotential für Benesan-Mikrobecken war.

Zur Krönung dieser Reise wurde nach dem zauberhaften Anflug ein gemeinsamer Lunch im kleinen Hafen von Beaulieu. Im Osten erstreckten sich die Gebirgshänge mit all den Villen, im kleinen Hafen schaukelten ganz leise einige gigantische Yachten, hoch oben auf der quer verlaufenden Bergkuppe thronten fünf oder sechs „Adlernester". Wer da wohl wohnen mochte?

Die Hauptstadt des „Bling-Bling!"

Cannes wird von seinen Einwohnern ironisch als „La Capitale du Bling-Bling" bezeichnet, die Hauptstadt des Glitzers. Um die Bedeutung der lokalen Schönheits-Industrie besser zu veranschaulichen, habe ich für meine persönliche Reportage einen Hauseingang mit den folgenden drei Praxis-Schildern in der Reihenfolge ihrer wahrscheinlichen Inanspruchnahme fotografiert:

- Schönheitsinstitut (Institut de Beauté)
- Schönheitschirurg (Chirurgie esthétique)
- Rechtsanwalt (Avocat)

Auf einem Trottoir durfte ich ein mir entgegenkommendes Dekolleté mit zwei perfekt modellierten, künstlich vergrößerten Busen bestaunen – für mich eine Reality-Premiere. Von da an stach mich der Hafer, ich wartete auf eine Gelegenheit, das neue Wissen als geeignetes Kompliment diskret anzubringen.

Im riesigen Buch- und DVD-Geschäft FNAC (es gelang mir tatsächlich, den von Ingvild so geliebten Lelouch-Filmklassiker „Un homme et une femme" zu ergattern), stand ich an einer der vielen Kassen einer etwa 45-jährigen Kassiererin gegenüber, die zwar eher unansehnlich und schüchtern, aber dafür höchst erfreulich gebaut war, was trotz sorgfältigen Versteckens nicht verborgen blieb. Es entwickelte sich dann folgendes Gespräch:

- „Cannes gilt also als Hauptstadt des Bling-Bling?"
- „Ja, so sagt man!"
- „Und die Schönheits-Chirurgen haben viel zu tun?"
- „Ja, es werden immer mehr!"
- „Bei Ihnen ist aber alles echt?"

Sie schmunzelte, und kniff sich in beide Wangen.
- „Ja, natürlich!"
- „Nein, ich meine etwas tiefer!"

Sie begriff. Ein entzückendes Lachen und leichtes Erröten war die Belohnung für meine dreiste Unverfrorenheit.
- „Wir brauchen doch alle etwas Anerkennung, oder?"

Jetzt lachte sie schallend. Mein Kompliment für diese „Mauerblümchen-Frau" war wirklich ehrlich gemeint…

Das Rätsel der Giganto-Yachten

Am letzten Abend der Reise schlenderte ich nach dem Abendessen in meinem regulären Restaurant noch die 100 Meter zum Yachthafen (den von Antibes hatte ich schon vormittags gesehen, vor dem Besuch der dortigen Kunstmesse).

Ich zählte über 30 der zwischen 40 und 50 Meter langen Riesenyachten mit nur gelegentlich ähnlich großen Segelyachten dazwischen. Der Rest des Hafens ist von Hunderten kleiner Segler bevölkert, sozusagen den Normalsterblichen bzw. dem Fußvolk.

Ich versuchte zu ergründen, was die Superreichen antreibt, sich solche schwimmenden Paläste bauen zu lassen. Die Yacht des russisch-israelischen Oligarchen Roman Abramowitsch soll mehr als eine Milliarde gekostet haben. Mit Autos ist eine derartig krasse Distanzierung zur restlichen Menschheit nicht mehr möglich, auch nicht mit dem größten Lamborghini. Schlösser haben räumliche Grenzen, und ein Flugzeug ist ja gleich im Himmel verschwunden. Auf dem freien Meer jedoch lässt sich mit Größe so richtig auftrumpfen. Ob es auch glücklicher macht?

Fragen über Fragen, und wohl auch deshalb hing gleich an mehreren „Riesenyachten" das vielsagende Schildchen „For Sale", gleich mit Telefonnummer. Bis es soweit war, mussten vor allem Steuern gespart werden, veranschaulicht durch den Ort „Georgetown", der an etwa jedem dritten dieser sinnlos großen Boote als Heimathafen prangte.

Wie sagte doch ein Geschäftsfreund, der auf solchen Riesenyachten schon zu Gast war: „Nach dem Kreuzen im Hafen wird es auf hoher See schnell langweilig, außer es ist die „richtige" Frau dabei, und damit sind keine Püppchen gemeint!"

58. Warum wir aus einem Geschäft in der Grazer Altstadt flüchteten

Es war der obligate Jahresend-Besuch unseres mit Abstand größten Kunden in Österreich. Die besuchte Grazer Firma hat Filialen in mehreren Städten, darunter zwei in Wien.

Nach der Erledigung alles Geschäftlichen wollten Ingvild und ich unbedingt die berühmte Altstadt der zweitgrößten Stadt des Landes kennenlernen. Wir ließen uns zum Hotel zurückbringen und schlenderten los.

Eins der ersten Schaufenster, an dem wir vorüberkamen, war das eines Eisenwarenladens für Antiquitäten. Großartig - hier konnte Ingvild endlich nach lange gesuchten Messerbänkchen Ausschau halten.

Der Ladenbesitzer, ein grauhaariger Mann Anfang Sechzig, hatte tatsächlich welche und wollte sie gern besorgen, bis wir auf dem Rückweg noch einmal reinschauten.

Wir baten ihn um seine Adresse. Da er kein Kärtchen greifbar hatte, begann er, hinter der Theke stehend, diese für uns aufzuschreiben.

Ein etwa 12-jähriges Mädchen stand in diesem Moment neben ihm. Zwischen uns beiden entspann sich ein Dialog, der derart bizarr war, dass er eines Carlo Goldoni oder Johann Nepomuk Nestroy würdig gewesen wäre:

Tourist: „Wie ich sehe, korrigiert die Enkelin den Großvater?"
Ladenbesitzer: „Das ist nicht meine Enkelin, das ist meine Tochter!"
Tourist: „Wirklich? Dann müssen Sie eine deutlich jüngere Ehefrau haben!"
Ladenbesitzer: „Aber ich bin nicht verheiratet!"

Tourist: „Sie nehmen mich auf den Arm!"
Ladenbesitzer: „Ja zum Kuckuck, Ehefrauen wollen heutzutage keine Kinder mehr bekommen, also muss man anderweitig für Nachwuchs sorgen!"

Dieses immer lauter werdende Gespräch war uns inzwischen sehr peinlich. Ingvild und ich wendeten uns zum Gehen, schon aus Rücksicht auf die Teenager-Tochter und die anderen Kunden im Laden.

Unser Abgang beschleunigte sich, als der ältere Herr uns tatsächlich hinterherrief: „Warum probieren Sie es nicht selbst?"

Da waren wir an der Tür, und ich muss an dieser Stelle betonen, dass mir derartige, filmreife Dinge nur dann passieren, wenn Ingvild auf meinen Reisen dabei ist.

59. Der anglophile Chefarzt im Frühflug nach London

Endlich war es mir gelungen, eine lange geplante Reise zu unserem treuesten Kunden in London zu arrangieren. Außerdem gab es einen neuen Interessenten, der unsere Produkte in gleich zwei seiner Bad-Ausstellungen vorstellen wollte.

Weil es mich auf meinen Geschäftsreisen gelegentlich „überkommt", machte ich noch auf der Treppe zum Flieger eine flapsige Bemerkung zu einem weit jüngeren Reisenden. Manchmal ergeben sich daraus mehrstündige Gespräche, so auch diesmal.

Unsere reservierten Plätze lagen mehrere Reihen auseinander, aber wir konnten zwei Nachbarn zum Tausch bewegen. Unser daraufhin beginnender „Talkathon" endete erst geschlagene fünf Stunden später, als Dr. S. die „District Line" U-Bahn an der Station Westminster verließ.

Er war Chefarzt in den Mittvierzigern in einer Brandenburger Klinik und machte eine derart schneidige Figur - eine Art heutiger Von Stauffenberg - dass man sich ernstlich Sorgen um seine weiblichen Patienten machen musste.

Was er wohl an mir altem Geschäftsmann gefunden hatte? Er sagte es ganz am Anfang, als wir uns noch auf Englisch unterhielten. Da das Wort „spirit" schwer zu übersetzen ist, gebe ich es hier im Original wieder:

„You have the spirit of a 30-year-old!"

Letztendlich zog uns unvermeidlich der gleiche kosmopolitische Background an. Dr. S. war nach zwei halbjährigen Aufenthalten in Kapstadt und Botswana zum radikal Anglophilen geworden.

Das ging so weit, dass er trotz seiner großen Familie mit vier Kindern (sein ältester Sohn war zehn und nahm bereits an Papas Hochgebirgstouren teil) eine (vorläufig vermietete) Eigentumswohnung nahe Oxford besaß und sogar, man höre und staune, regelmäßig an Fuchsjagden in England teilnahm.

Nach längeren Diskussionen über England („Nie im Leben wird Boris Johnson Premierminister!"), über die in Deutschland herrschende Uniformität und seinen Abscheu über das Abreißen von historischen Gebäuden interessierte sich Dr. S. für zwei kürzlich von mir entdeckte Bücher:

- Die Autobiographie eines deutschen Schauspielers mit englischem Vater und
- ein 400-seitiges Büchlein über Londons historische Villen.

Im Gegenzug lernte ich auf einer unserer Umsteigestationen die kleine, süße Tafel „Flapjack", hergestellt aus Haferflocken für nur anderthalb Pfund, schätzen. Dr. S. bedauerte, dass ich nicht in London übernachtete, er hätte mir gern ein wirkliches Insider-Lokal gezeigt.

Wir haben uns seither wieder aus den Augen verloren, wahrscheinlich nicht nur wegen des Altersunterschiedes und unserer völlig anderen Berufswelt, sondern vielleicht auch, weil Fuchsjagden in rotem Dress nicht so mein Ding sind...

60. Nachwort - Wie mein Faible für gediegene Hotel-Bars entstand

Da ich in meinem Leben so oft auf Geschäftsreisen unterwegs war, ich abends mit der einen unvergesslichen Ausnahme des Fußballspiels Fortuna Düsseldorf gegen Bayern München mit Beckenbauer & Co. auf der Höhe ihres Ruhms vor Jahrzehnten kaum noch Energie für Theater, Kino, oder etwas „Schlüpfriges" hatte, entwickelte sich bei mir ganz allmählich ein Faible für Hotel-Bars. Dort konnte ich das abendliche Ambiente genießen und gleichzeitig Notizen machen, Zeitung lesen und Postkarten schreiben.

Wie immer im Leben versuchte ich, auch dabei die beste Qualität vor Ort zu ermitteln, was mich unvermeidlich in Hotels führte, deren Übernachtungspreise völlig außerhalb meines Reisebudgets lagen. Wer aber sollte mich daran hindern, zumindest deren Bars zu genießen?

Zum Favoriten wurde im Laufe der Jahrzehnte die Bar des Breidenbacher Hofs in Düsseldorf, gleich um die Ecke von der berühmten Kö, die viele Jahre die Badboutiquen zweier Spitzenkunden beherbergte.

Noch heute sehe ich diese Bar als eine Klasse für sich! Sie hatte die schmalen Ledersessel mit hoher Lehne, die ich so liebte, und einen Klavierspieler in weißem Anzug. Ihre Ausleuchtung traf genau den richtigen Touch von Schummerigkeit.

Ingvild hatte ich schon früher in diese Bar geführt, meine langjährige Sekretärin Ilona und diverse Freunde ebenfalls.

Besonders ausgefeilt hatte ich mein System „Teure Bar, preiswertes Hotel" in Hamburg, wo ich für sage und schreibe 50 Deutsche Mark im inzwischen abgerissenen „Dänischen Hof" nächtigte. Der bot einen phänomenalen Blick auf Hamburgs sechsmal so teure Renommier-Unterkunft – das „Hotel Atlantic" direkt gegenüber. Keine Frage, dass ich mit meinen schon erwähnten Beschäftigungen dort jeden Abend an der Bar saß.

In besonderer Erinnerung geblieben ist mir auch die Bar eines Hotels in Stoke-on-Trent in Mittelengland. Ich hatte mich dort nach dem Abendessen gerade niedergelassen, als mich ein beträchtlicher Lärm im Flur veranlasste, nach seiner Ursache zu suchen.

Ich kam gerade noch rechtzeitig, um den Bürgermeister in vollem Ornat, das heißt mit großer Kette auf der Brust, zum Festsaal gehen zu sehen. Ihm folgte seine - in den für einen Kontinentaleuropäer erstaunlichsten Kostümierungen - Honoratioren samt ihren Ehefrauen.
Dass Frauen sich sehr farbig kleiden können, ist allgemein bekannt.

Aber die zum Teil in deftigen Farben und in starken Mustern gehaltenen Sakkos und Westen der Herren verschlugen mir noch mehr die Sprache. Haben sich die Briten hier womöglich etwas von ihren ehemaligen Kolonialvölkern abgesehen?

Der Autor und seine Frau, die inzwischen 60 Jahre miteinander verheiratet sind.

Von Gerhard D. Schuster sind u. a. erschienen:

Gerhard D. Schuster

Kampf um eine Villa

Makabre Erlebnisse in Berlins Nobelviertel nach dem Mauerfall

Episodenroman

Die kurzen und pointierten Geschichten dieses Episodenromans führen in das Berliner Grunewaldviertel und eine ihrer schönen, alten Villen, heute mit neun kleinen Wohnungen und den dazugehörigen, manchmal sehr ungewöhnlichen Eigentümern. Der Gartenarchitekt i. R., der Ratten füttert, der Drogendealer, der sich aus Furcht vor der Mafia hinter einer schusssicheren Tür verschanzt, die nächtliche Schlüsselübergabe an einen „Mister X", ein Mieter, der heimlich eine Hundepension betreibt, oder ein schwuler Chefsteward, der sich seinen Lover gleich mit ins Haus holt – das Büchlein ist so vielfältig wie das Leben selbst.

ISBN 978-3-740-76970-3 | € 11,80 (D)

Schnell gelesen, aber unverzichtbar ist dieses Büchlein voller Filmempfehlungen, die in Kategorien gelistet sind. Der Autor empfiehlt eine Auswahl zeitloser Klassiker, die er nach seinem über Jahre in Kinos geschulten Sinn für die Cineastik mit Sternen versehen hat. Wenn Sie Freude an Filmen haben, die von den „Beethovens" der Regiekunst genial gedreht und in die Kinos gebracht worden sind, erhalten Sie eine wunderbare Orientierung, die Ihnen viele Abende beste Unterhaltung verspricht. Sie werden fündig – ganz gleich, ob Ihnen nach Liebe, Dramen, haarsträubenden Thrillern oder nach Lachen zumute ist.

ISBN 978-3-740-780869 | € 12,80 (D)

Dieses Buch ist auch auf Englisch „Hundred Years Great Cinema" erhältlich.
ISBN 978-3-740-772796 | Preis differiert in den unterschiedlichen Ländern.